ハッピーサバイバル

地球で遊びながら新しい世界へ

山納銀之輔
Ginnosuke Sanno

はじめに

はじめに

　ここ最近、全国から講演会に呼んでいただいたり、人気YouTubeチャンネルからゲストとしてお招きいただく機会が増えました。そのたびに、「エコビレッジ」[※1]について、自給自足の本質、俺が"エコビレッジビルダー"となった経緯などをお伝えしてきました。

　ありがたいことに、たくさんの方に興味を持っていただき、「生き方について考えるきっかけになった」、中には「明日死のうと思っていたけれど、動画を観て"生きよう！"と思いとどまることができた」と、遭遇した街中で俺の手を握りながら号泣された方もいらっしゃいました。

　すでにご存知の方もいるとは思いますが、超簡単に俺の半生をお話しさせてください。
　20代前半の頃、"家のお医者さん"になろうと、修理・修繕やリフォームをメインとした事業を始めました。地元・栃木の町で評判を集め、そのうちに社屋を建て、従業員もたくさん雇い、複数の会社を立ち上げる経営者となりました。当時は車を12

※1 エコビレッジ：持続可能を目標としたまちづくりや社会づくり、そのコミュニティ。食料自給はもちろん、持続可

台乗り回すような金の亡者だったと自分でも思います。

　順調にいっていたある時、空間デザインの仕事を請け負ったのですが、詐欺に遭います。突如、数千万円という借金を負うことになり、毎月の支払いに追われるようになったのです。

　そこからは地獄のような日々。極度のストレスで十二指腸潰瘍に８回もかかるほど、精神的に追い詰められていました。いよいよ立ち行かなくなり、ツライ現実を終わりにするため、自死という選択をします。俺が30歳の時です。

　意を決してロープを首にかけたものの、なんと５回もロープが切れてしまい、死に切れませんでした。それなら、とバスタオルを首に巻いた６回め、気づくと俺は、頭から血を流しながら床に倒れる俺自身を、空中から眺めていたのです。

　これがいわゆる「臨死体験」なのでしょう。

　そのまま、肉体から俺の意識はどんどん遠ざかり、天井もすり抜け、轟音とともに空をグングン昇っていき、街も日本も地球も天の川銀河からも遠ざかっていき、ポン！と真っ暗な宇宙にただ浮いているという体験をします。

　さらに頭上には、白い光の大きな球体があり、よく見るとオタマジャクシのようなすごい数のナニかが、白い光の中へと吸

能な建築、水の循環利用、糞尿分離トイレの取り組みなどの特徴もある。基本はそこにあるものだけで村をつくる。

はじめに

い込まれているのが見えました。

「あぁ、あの光の中に吸い込まれると、完全に俺は死ぬんだ……。なんだかもったいないな」

そう思った瞬間、今度はものすごい勢いで、もとのいた地上へ戻ったのです。
戻りながら、同時に映像が見えました。それは、俺がオギャーとこの世に生まれる瞬間で……。
そこからの話は、2nd Stage (P124)へどうぞ。

そんな臨死体験を経験した後、会社をすべて畳み、自給自足生活を決意します。栃木の山奥にポツンとある、400年前の古民家をよみがえらせ、その土地で村づくりを始めたのです。

いろいろありましたが、食料自給率90％まで達成したところで、東日本大震災が起こります。放射能の影響を受け、畑は全滅。絶望した俺は、自分の村を所有するのではなく、俺が動いて村づくりを教える立場になることに決めたのです。

そこから、エコビレッジビルダーとしての道のりが始まりました。

※2 レインボーピープル：数年前、あるフランス人から「フランスにはエコビレッジづくりのベースを半年ほど日本のパスポートならあらゆる国に行けるから」と言われ、"日本版レインボーピープル"を結成し、活動を

自給自足のしくみづくりを教えながら、日本各地を周って、1年半が過ぎた頃、宮崎にたどり着きます。ここに定住しようかという気持ちが湧き、ハワイのようなその土地で快適な村をつくることにしました。しかし、完成間近だった42歳の誕生日、その村ごと乗っ取られるという事件が起きます。人生何度めかの裏切りに遭い、しかもホームレスになってしまったのです。

　そこから、1年半にもおよぶ、森の中での狩猟採集生活が始まります。

　前著『天を味方につける生き方』に、そのあたりの話や、「レインボーピープル」(※2)としての経験は詳しく書いてありますし、お招きいただいたYouTube動画でもお話ししていますので、ここでは省きますが、さらにさまざまな体験を経て、衣食住を循環させる村ベースをつくるエコビレッジビルダーとして、世界中から呼ばれるようになりました。

　そして今、住まいがある石垣島に、「**絵本の村**」というエコビレッジをつくっています。

　立ち上げた「アバウト工務店」のスタッフをはじめ、これまで延べ1000人以上の方に手伝っていただき、少しずつ思い描いた村が形になってきています。

でつくる、"レインボーピープル"というプロの集団がいる。あなたはその日本版を作ってください。なぜならば、
している。

はじめに

　俺が「絵本の村」で目標にしているのは、**100年後も、笑って 幸せに暮らせる村**。

　日本全国、全世界が、幸せで豊かな地球暮らしができるための、モデルケースとなるような村が、まさに「絵本の村」です。
　描いている完成図までは、あと３年ほどかかる予定です。でも、つくっている最中である今すでに、関わってくれている人たちが、エコビレッジのおもしろさを体感し、笑顔で幸せな日々を過ごしています。

　この村の在り方が、これからの新しい世界の在り方に直結していると、俺は信じています。

　ふと世の中を見渡すと、かつての俺のようにストレスにまみれ、将来への不安を抱え、経済や環境の変化に振り回されている人たちの様子を目にすることがあります。これからの世界に関する予言などを見聞きして、余計に不安が大きくなっている人もいるかもしれません。
　でも、俺や「絵本の村」に関わる人たちには、少なくとも恐れがありません。希望を抱きながら、楽しく生きています。

　もし、日本の人みんなが、不安ではなく、希望にあふれて、笑

いながら幸せに暮らすことができれば、世界が変わるはず。どんな変化が起きようと、この地球の自然の一部として、世界の誰もが豊かに生きることができるはず。

　おもしろ楽しく、幸せに暮らしたいですか？　食べ物にも寝る場所にも一生困らず、豊かに生きたいですか？
　そのためのヒントが、「絵本の村」にはあります。

　この本では、前半に「絵本の村」の在り方について、後半はエコビレッジビルダーとしてや臨死体験などの体験を経て思う幸せな在り方を、10の項目に分けてお伝えします。さらに、項目別にいただいた質問にQ&Aでお答えしています。
　どんな世界になっても、幸せにサバイブしていく秘訣を、ひとつでもお伝えできたら嬉しいです。

　素晴らしい地球で楽しく遊びながら、ハッピーサバイバル！

山納銀之輔

はじめに ……………………………………………………………… 2

1st Stage　絵本の村
〜村づくりの始まりから「絵本の村」の在り方〜 ………………… 11

chapter 1　村づくりの場所探し ………………………………… 12

じつは「絵本の村」には1から3まであった！ ………………… 12

「絵本の村てっぺん」誕生 ……………………………………… 17

chapter 2　「絵本の村」づくりプロセス ……………………… 22

法律と、自由と ……………………………………………… 22

これぞ「絵本の村」 ──2つのエリア── ………………… 24

これぞ「絵本の村」 ──4つの作り手── ………………… 28

chapter 3　100年続くエコビレッジのつくり方 ……………… 36

子どもたち中心の村づくり ………………………………… 36

全世代がいる村に …………………………………………… 38

12人以上、40・50代からなる村には落とし穴がある⁉ …… 42

村づくりの絶対ポイントは「NO会議」 …………………… 44

モットーは「がんばらない」 ……………………………… 48

地域社会との関連性 ………………………………………… 49

chapter 4　村からはじまる、これからの世界 ················· 53

つくっている最中がおもしろい ······························· 53
都会のOLも夢中になる、オシャレな村 ················· 54
"選べる"楽しさ、"選べる"豊かさ ·························· 56
夢は「種バンク」 ·· 58
あなたの家のベランダに、心の安心を ··················· 60

2nd Stage　幸せな在り方
～"山納銀之輔"流、幸せな10の在り方～ ················· 65

1. 食
　　生命エネルギーの強い食を ······························· 66
　　＜Q&A＞ ··· 69
2. 住環境・コミュニティ
　　なるべく大地に近い住まいがいい ··················· 76
　　＜Q&A＞ ··· 79
3. 自給自足
　　農は小さければ小さいほどいい ····················· 82
　　自然界の法則「トーラス」 ······························ 84
　　＜Q&A＞ ··· 87
4. 人間関係
　　溜めないで自分から動いて満たす ··················· 90

9

＜Q&A＞		92

5. 仕事
お金を考えずにしたいことをする ... 97
　＜Q&A＞ ... 99

6. お金・経済
お金との付き合い方が"逆" ... 103
紙ではなく人脈を大切に ... 105
　＜Q&A＞ ... 107

7. 健康
健康は心から ... 109
　＜Q&A＞ ... 112

8. 生きがい
幸せな世界をつくるにはここから6年が勝負 ... 115
　＜Q&A＞ ... 118

9. 生と死
臨死体験をしてわかったこと ... 124
人間はつぶつぶでできている ... 126
　＜Q&A＞ ... 129

10. 新しい世界
優しさの塊で存在する世界 ... 134
　＜Q&A＞ ... 135

あとがき ... 138

1st Stage
絵本の村
〜村づくりの始まりから、「絵本の村」の在り方〜

1st Stage 絵本の村

chapter 1
村づくりの土地探し

じつは「絵本の村」には1から3まであった!

　今つくっている「絵本の村」は、じつは3(スリー)。「絵本の村1」と「絵本の村2」があったんです。

　「絵本の村1」は、新石垣空港から車で約8分のところにある森から始まりました。

　当時はまだエコビレッジと言っても知っている人はほぼいない状態でしたが、地元の人が俺の話を聞いて、「ぜひ石垣島でエコビレッジをつくってほしい」と、80歳くらいの男性を紹介してくれました。島じいという人で、島じいは俺の話を聞くと、「よし！　全力で応援するぞ」と、土地を貸してくれることになったんです。
　その土地は、道路もないような森の中。周りにはなにもない、静かで野生のクジャクがいっぱいいるような場所で、村づくり

は始まりました。

　最初は、学校に行っていない母子家庭の子どもを含む、13人での村づくり。「自由に使っていい」という島じいの言葉を受けて、道路とウッドデッキを作って、グランピングテントを建て、みんなでそこで寝泊まりしながら開拓していこう！と、ワクワクしていました。

　ある日、いつものように村づくり開拓をしていると、ブブブッと軽トラがやって来ました。

「ここでなにしてるの？」
「村づくりをしているんです」
「え？　ここ、僕の土地だよ？」

　声をかけてきたおじいさんの言葉に、ワクワクしながら作業していたみんなの手がピタッと止まりました。

「島じいにここの土地を借りて、自由に使って良いと言われているんですけど……」
「あぁ、島じいのとこは、もっと奥の小さいとこだよ」

1st Stage 絵本の村

　（島じい）「いや、ここはオレの土地だ！」

　これじゃ埒が開かないので、法務局にみんなで行って、その土地の地主が誰なのか、調べることにしました。
　その結果……島じいの土地は本当にズレていました。しかも、ここは僕の土地だと言った軽トラのおじいさんの土地でもなかった(笑)。

　見知らぬ人の土地で勝手に村づくりをするわけにはいかないので、どうしようかと思っていると、島じいが3箇所もほかの土地を紹介してくれました。海の見える丘の上など、どれも素敵な場所。今度はちゃんと島じいの土地でした。一部を除いて(笑)。

　その中から選んだ、石垣島のど真ん中に広がる大草原の2万坪の土地で「絵本の村2」がスタート。1よりももっと大きいウッドデッキを作って、井戸も掘って、シャワールームと脱衣所と洗濯機置き場も完備。みんなで貝殻を取ってきて飾ったりと、だんだんと形になってきました。

　土地もキレイにならしたし、いざ本格的に始めようというと

ころに、今度は農業委員会だという人がやって来ました。前回と同じように、「ここでなにしてるの？」と聞かれます。

「学校に行っていない子どもたちとパイナップルを作ったり、衣食住の授業をしているんです」
「あー、ここ農地だから、農業以外のことに使うのはダメなんですよ」

　話を聞くと、本来は農地として登録されてある土地のため、車も停めたらダメだし、テントやキッチンもあって、ましてみんなでそこに住んでいるなんて、もってのほかとのこと。
「でも子どもたちもここで農業しているし。どうしたら続けられますかね？」

　そう俺が尋ねると、今度は県から課長さんが一緒にやって来て、こう言いました。
「あのテント、屋根つけられます？」
「屋根、ですか？　もちろんつけられますけど、どういうこと？」

　その理由は、農作業のための仕分け小屋など、農業に付随する使い道の建物だったら建ててもいい、とのこと。しかも大き

1st Stage 絵本の村

さも戸数も関係ないというのです。

「あ、でも、脱衣所とシャワーは、さすがに……？」
　シャワールームは12畳以上もあって大きかったし、農作業に付随するととらえられるのか不明だったので、おそるおそる聞いてみると、
「あれはいいんです。とにかくテントにちゃんと屋根をつけて小屋にしてくれたらいいから」
という返答でした。

　それならちゃんと家を作れる！と喜んだものの、横にいる島じいは、お役所と仲良くできない性格のため、なぜかケンカ腰。結局、家なんて建てさせねぇぞ、という雰囲気になってしまいました。

　後日、農業委員会の方たちが俺のもとに来てくれて、あの土地は島じいの亡くなったお父さんの土地であり、島じいは農業従事者ではないため、あの土地を買い取ることはできないと教えてくれました。
　つまり、俺がどんなに素敵な村をつくっても、将来、自分のものにならないというわけです。

「一度、委員会まで来てください。土地、いっぱいありますから」
　そう言われたので、委員会まで行くと、昔の電話帳くらいの厚さがある２冊のファイルをドン！と用意して待っていてくれました。
「これ全部、買えるか借りられる土地です。好きな土地を選んでください」

　ここで村をつくりたいと思うような、海が見える丘や畑もできるような土地がいくつもあって、実際に見学に行きました。特に惹かれたのが、丘の上にある元牧場地。広大な草原で海も見えるのですが、元牧場なので牛はいないものの牛のフンはそのまま(笑)。荒れた場所で、村づくりには、なかなかハードルが高い土地でした。

「絵本の村てっぺん」誕生

　土地を探していた頃、友人が紹介してくれた不動産屋さんが、
「銀ちゃんがやろうとしている村づくりは、子どもたちにとっても日本にとっても世界にとってもいいことだから協力する！」

1st Stage 絵本の村

　と、一緒に土地を探してくれ、投資までしてくれることになりました。

　最終的に見つけた土地が、現在の「絵本の村3」。石垣島のてっぺんにあるため、別名「てっぺん」と呼んでいます。

　メインとなるエリアの周辺の土地も、快く売ってもらえたので、200坪くらいの土地を計5つ買いました。800坪ほどでしょうか。少し離れたところにも土地があるので、来てくれた人たちの車を停めたり、バスツアーもできるようになっています。
　これまでの人生で、放射能で村が全滅、村の乗っ取りという過去を経たおかげで、ちょっとのことじゃ諦めないマインドが身についていたので、今回も諦めずに探し続けて良かったなと思っています。

　途中、島じいの土地は手放すことになったけど、執着せずに手放して、次を諦めなかったからこそ、「絵本の村てっぺん」をつくることができた。それに、バラしたウッドデッキで子どもたちと一緒にツリーハウスを作って再利用することもできた。だから、「絵本の村1・2」にお金もつぎ込んだけど、なにも無駄ではなかったです。

　そして、2023年11月。「てっぺん」での村づくりが本格的にスタートしました。ジャングルだった土地を全部ならしてから、基礎工事には167人もの人が携わってくれたんです。
　みんな素人で、しかも基礎工事は決して派手ではないし、コンクリートを流すための鉄筋を組む、ただただ地面と向き合うような作業でしたが、みんな楽しそうに汗をかいて手伝ってくれました。

　じつは「てっぺん」での村づくりが始まる前に、島じいは亡くなったんです。生前、俺たちの活動を見て協力する！とやる気になっていた島じいには、俺たちと一緒に遊園地のような場所を作りたいという夢がありました。もし島じいがいたら、みんなと一緒に村づくりを楽しんだんじゃないかな。

1st Stage 絵本の村

森を開拓しようと挑戦した「絵本の村1」

大草原の「絵本の村2」
「絵本の村1・2」どちらも開拓し
グランピングテントを建てるところから
スタートしましたが残念ながら断念

井戸掘りの様子

なにもないところから
自分たちで測量から開拓、鉄筋組みまでしていきます

1st Stage 絵本の村

chapter2
「絵本の村」づくりプロセス

法律と、自由と

　現代の社会では、建物を建てるには「建築確認」という申請を通す必要があります。社会で生きている以上、村づくりの場合も法律を無視することはできません。
　実際に建物を建てるとなると、携わる人は全員ヘルメットを被らないといけないなど、いろいろと法律規制が発生します。安全のためというのはわかりますが、せっかくお手伝いに遠くから来てくれた人に、ガチガチの法律のもとでプロの建設作業員のように働かせたくなかったんです。それに、法律があるからこれはダメ、あれもダメと、複雑になって、手伝いに行きづらい雰囲気にしたくありませんでした。

　俺自身、ガチガチの法律のもと、建てるのは楽しくありません。もっと自由におもしろく村づくりをしたい。

22

「そうだ！　隅っこに小屋を作ろう」

　建築はアバウト工務店(詳細はP31)に任せて、俺は確認申請の必要のない小さな小屋を作り始めました。まるで、ヘンゼルとグレーテルの家のような、小さくて可愛らしい小屋を。
　お手伝いや「塗り壁ガールズ」ワークショップに来てくれる人たちと一緒に、可愛い小屋の壁となる漆喰を塗っていると、2～3日であっという間に小屋はできます。目に見えてすぐに形になるので、参加してくれる人も喜んでくれる。ホームセンターの材料だけでできる小屋づくりを、直伝で教えています。

　だから、確認申請が必要な建物は元全員素人のアバウト工務店のメンバーの手により大規模に、そして10平米未満（6畳以下）の小屋はお手伝いに来てくれた人たちと一緒に作る。
　そのように区別して、同時進行で「絵本の村」では建設が進んでいます。

　確認申請が必要な建物と、必要ない小屋の違いは、サイズだけではありません。
　確認申請が必要な建物では、地球に戻らない素材を使わざるをえません。日本の法律上、そうしないと確認申請が通らな

1st Stage 絵本の村

いんです。一方の、小さい小屋は、この地上にある健康素材でできています。

　小屋のひとつは、メンバーやお手伝いの人たちを含む、日々の食事を作るキッチン棟。建物を作る時の廃材を燃料に、モクモクと薪を焚く煙が上がったら、今日も美味しい食事の準備スタートの合図です。

これぞ「絵本の村」── 2つのエリア ──

　大きな建物エリアは、「プロダクトエリア」といいます。

　レストランやカフェ、ショップやマーケット、スパ、ハーブや植物を研究して加工する場所も建設予定です。ゆくゆくは、遊びに来てくれた人たちも泊まれるような施設もできます。この本をみなさんが読んでいる頃には、完成してオープンしている建物もあるはずですよ。
　ほかにも、バーになる予定のトンガリ屋根の建物も建設中。フォトウェディングもできそうなくらい、どこを切り取ってもメルヘンなかわいい景色になるエリアです。

　フランスやイタリアにもあるように、景色だけで世界遺産となることを目指して、建物がある景色だけで観光名所となる。その中で、自分の好きなことでお金を稼いで循環させる。
　たとえお客さんがいない時期だったとしても、村人だけでも成り立つような村をつくっています。

　これが、「プロダクトエリア」の特徴。節約しながらルールに縛られて我慢する"なんちゃって"エコビレッジとは趣旨が違います。景色が美しい場所で、リラックスしながら自然と共生しながら、やりたいことにチャレンジできてお金も循環させられる場所。本当の意味での"エコリゾート"をイメージしています。

＊　＊　＊

　プロダクトエリアから車で5分ほど離れた場所に、もうひとつ村をつくる予定です。それが、「ジェネシスエリア」。

　もしあなたが、今日無職になったとしても、突然ホームレスになったとしても、このジェネシスエリアで身につけたことを活かせば、全国どこでも、ちゃんと生きることができる。そこ

1st Stage 絵本の村

にあるもので寝床を作り、井戸を掘って、水を確保し、自給自足の暮らしをする。

　ここでは、お金は必要ありません。貨幣がない暮らし。そこにあるものだけで、生きる暮らし。だから、ここには仕事や稼ぐという概念はありません。
　このジェネシスエリアこそが、本当の"エコビレッジ"なのですが、現代の日本人には通用しません。もしジェネシスエリアのみの村をつくっても誰も来ません（笑）。来たとしても、相当サバイブ好きな人たちでしょう。

　なので、「絵本の村」では、お金があってもなくても、どちらでも"選べる"ように、2つのエリアをつくっています。

＊　＊　＊

　エリアが2つあるというのは、じつは村づくりにおいて、重要なポイントです。

　日本人は、エコビレッジを始めよう、村づくりをしようとなると、まず土地を手に入れた後に、その元を取るために計算を

するクセがあります。
「材料費がかかるんだから、その元が取れそうだったら、村づくりを始めよう」
　こういう思考グセがあるんです。

　本来、楽しく出稼ぎに行って、稼ぎを入れるというのが日本のスタイルでした。

　そのマインドに倣って、「絵本の村」でも、
● そこに行くだけで好きなことをしてお金がちゃんとまわるしくみの村
● 何もしなくてもゼロ円で生きていける村

　この2つをつくることにしました。この村の在り方ができたら、「絵本の村」はこれからの世界でお手本になるでしょう。

　村人たちはお互いの村を自由に行き来することができます。
　たとえば、普段はプロダクトエリアでマッサージを提供している人が、なにもしないで過ごしたいなと思ったら、ジェネシスエリアに来てゆっくり過ごす。その逆に、ジェネシスエリアにいる人が、ケータイ料金を払うのにお金が必要ならば、プロ

1st Stage 絵本の村

ダクトエリアに来てその分を稼ぐ。

エリアが2つあると、そういうことができるようになります。

そして、ポイントはこの2つのエリアの距離を少しだけ離すこと。そうしないと、ジェネシスエリアの人が、ふらりとプロダクトエリアのごはんだけを目当てにタダ飯にありつこうと来てしまうから(笑)。

だから、車でちょっと走らせるくらいの距離に別のエリアがあるというのが、村づくりの理想です。

これぞ「絵本の村」── 4つの作り手 ──

ありがたいことに、「絵本の村」の村づくりにたくさんの方が関心を寄せてくれています。

「絵本の村」では、大きく分けて、4部門の作り手・参加者がいます。

まずは、【見学会】。

「絵本の村」が実際どうなっているのか見たいという人のために、バスツアーを企画して、俺が現場を案内したのち、講演会を開いています。

次が、【お手伝い】。
とにかく「絵本の村」づくりに関わりたい！と思ってくれる人たち向けです。中には、俺の講演会も話も聞いたことないけれど村づくりがしたいと、せっかく石垣島に来たのに海にも入らず観光もせず汗水垂らして手伝ってそのまま帰るという、なかなかコアな人たちもいます。

3つめは、【ワークショップ】。
WS(ワークショップ)参加者は、お金を払って習いに来る人たちです。「塗り壁ガールズ」などもこのWSに入ります。技術を持ち帰って、自分の暮らす土地で村づくりをしたい、家をリフォームしたい、自分の畑でなにかを始めたいという人たちも多く参加しています。

そして4つめが、【エコビレッジビルダー養成講座】。
1年間、住み込みで、エコビレッジビルダーになるために必要なことを伝授します。食料はこちらで用意しますが、それ込

1st Stage　絵本の村

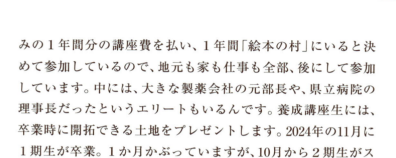

みの１年間分の講座費を払い、１年間「絵本の村」にいると決めて参加しているので、地元も家も仕事も全部、後にして参加しています。中には、大きな製薬会社の元部長や、県立病院の理事長だったというエリートもいるんです。養成講座生には、卒業時に開拓できる土地をプレゼントします。2024年の11月に１期生が卒業。１か月かぶっていますが、10月から２期生がスタートします。

　この養成講座に参加するには、面談があります。というのも、少人数でないと教えるのが難しいのと、じつは土地だけが目当てという募集者もいるので、そこはしっかり俺自身が見極めています。１期生は８人でした。

　この８人が、各地で村づくりを教えていって、徐々に弟子が増えていったら、日本全国でエコビレッジが加速できるんじゃないかと思って楽しみにしています。

　養成講座で大切にしているのは、技術的なこともありますが、自分一人で完璧にできることよりも、助け合える仲間づくりが重要なポイント。

　村づくりの鍵を握るのは、やはり「人」です。だから、エコビレッジビルダーがなんでも自分でやってしまって完結してし

まうと、逆に村づくりは失敗しちゃうんです。

　自分は手を出さないで、人に任せられる自信があるかどうか。
これが、エコビレッジビルダーになるための、大きな関門で
すね。人に任せて、もし失敗したら、その時は手伝って直せば
いい。だから直せるだけの技術があることが大前提ですが、そ
うやって見守ることができると、その村はみんなが協力して仲
良くなれるし、結果的に村づくりも早めに完成します。

＊　　＊　　＊

　この4つのうち、お手伝いとWSに参加してくれた人の中から、
ものづくりが大好き！という人を、「アバウト工務店」のメンバー
にスカウトしています。

　アバウト工務店は、確認申請が必要な建物の建築を主に手
がけています。元々は全員が素人ですが、みんなものづくりが
好きで建築に興味があるメンバーなので、今では図面も読め
るように。「随分、立派な建物だけど、ビルでも建てるの？」と、
近所の人にも言われるほどですが（2階建てなんですが）、メン
バーに任せています。

1st Stage 絵本の村

　アバウト工務店の最年長である吉田さんは、最愛の奥さんを亡くしたショックで、半年間ウツ状態だったといいます。自分も奥さんの後を追うかと考えていたそうですが、俺の動画を観て、試しに参加してみるかと思い立ち、なぜか「塗り壁ガールズ」に応募してきたんです(笑)。

　その時、俺たちは気仙沼で「マコモ龍宮城プロジェクト」を行っていたのですが、ほぼ皆勤賞でWSに参加してくれました。塗り壁ガールズに5回チャレンジして、立派に「塗り壁ジジイ」になり、その後「大工ジジイ」にも合格。69歳の誕生日を迎えた時、夢を聞いたところ、「富山に土地を買って、自給自足の村をつくりたい」と話してくれました。

　元測量士ということもあり、「絵本の村」が始まる時に測量を手伝ってもらい、そのまま基礎工事も手伝って、なんと70歳でアバウト工務店の一員として採用となりました。

　そんな吉田さんのハマっていることは、マッチングアプリ。体力もあるし、疲れないし、常に前向きなのは、その趣味のおかげなんでしょうか。お相手に会いに行って、撃沈して村に帰ってきて、次の日は落ち込んで休んだりしていますが(笑)。何歳になっても夢を諦めない人のパワーは、すごいです。

　ちなみに、「レインボーピープル」と、アバウト工務店のメン

バーは違います。どちらもスカウトで選んでいますが、レインボーピープルは「洞窟サバイバル」（"生きたまま生まれ変わりの旅"をテーマに自然界の中で生きる体験。石垣島にて不定期開催）の参加者からスカウトしています。

　というのも、洞窟サバイバルは、3日めになってくると、かなりツライとみんな感じます。そんな中でも、参加者みんなと仲良くなれて、元気に動ける人がスカウト対象者。アフリカに行こうが、アジアの奥地に行こうが、この人は大丈夫だろう！という人に声をかけています。やはりレインボーピープルになるには、ブレない強い心と体力が必要ですから。

※「絵本の村」づくりに参加したい・応援したいという方は、"エコひろの会"や「銀之輔.japan」のSNSをチェックしてください(P144、145)。
不在の日や、アバウト工務店の重要な作業日、また近隣の方のご迷惑になる場合もありますので、村の訪問にはお申し込みが必要です。ご理解いただけましたら幸いです。

1st Stage 絵本の村

WSに参加してくれた人たちと一緒に漆喰で塗り壁を作ります

見学会に来てくれた人たちへ「絵本の村」をご案内

洞窟サバイバル合宿でのひとこま

エコビレッジビルダー養成講座第1期生のみんなと

1st Stage 絵本の村

chapter3
100年続くエコビレッジのつくり方

子どもたち中心の村づくり

　現在の「絵本の村てっぺん」の土地が見つかるまでの約2年間、寺子屋のようなWSをしようと思っていました。しかし、世の中は新型コロナの時期に入ってしまい、島内に人を呼べなくなってしまったんです。

　その期間、俺は拠点としている石垣島の「aliali」という場所で、子どもたちのための活動に参加することにしました。学校に行きにくい子どもたちの講師として、1か月に5日間、鶏小屋を作ったり、ツリーハウスを作ったり、料理を教えたりして、楽しく一緒に過ごしました。

　1年半ほど、子どもたちと過ごしたことで、俺の考えが一気に変わりました。

　それまで、エコビレッジを日本で作るのは無理だろうと思っていたんです。というのも、日本人は常識に縛られているし、頭がガチガチになってしまっているから。だけど、子どもたちとふれ合っていると、子どもたちはどんどん変わっていくし、常識にとらわれないで可能性が拓いていくのを目にして、「こんな短期間でも変わるんだったら、あっという間に村つくれるな」と思ったんです。

　子どもたちが中心となって、エコビレッジをつくろう。

　村づくりの進め方が俺の心の中でどんどん変わっていきました。

　子どもから始めたら、大人たちも変わります。
「あの子たちができるなら、自分たちにもできる」
　そんなふうに大人にも思ってもらえる村づくりをしようと、思ったんです。

　実際に始めてみたら、子どもたちというより、仕事をしていない大人たちばっかり集まってきていますが（笑）、そういう大人たちもどんどん変わっていく。

1st Stage 絵本の村

　だから、日本でエコビレッジをつくっていくことはできるんだと、思えるようになりました。

全世代がいる村に

「村づくりを成功させるには？」と、よく質問されます。
　俺の答えは、
「０代から80、90代……と、**幅広い年齢層がいる村にする**」です。
　それが、100年続く村づくりの秘訣だと思っています。

「絵本の村」は、今のところ、１歳から79歳のおばあちゃんまで、つまり０代から70代まで、全世代います。

　なぜ年齢層が広いほうがいいのかというと、バランスがとれるから。

　たとえば、10代は、思春期だし悩みが多い。
　20代は、何をしたらいいのか、自分のしたいことがまだわからなくて悩んでいる。

　30代は、やること・やりたいことが決まってきた段階。
　40代は、いろいろな経験をして、なんでもできるようになっている。
　50代は、いろいろなことをやってきて経験豊富なんだけど、頭がガチガチになりつつある大人。
　60代は、いろいろなことを知っているけど、体が動かなくなりつつある大人。
　70代以上は、一言で悩みや問題を解決する智慧がある。

　こんなふうに、「絵本の村」を例にしても、すごいバランスがとれているんです。

「絵本の村」の最年長、いくばあちゃんは、大工のまこっちゃんのお母さん。酸素ボンベを背負って、岩手から移住してきた。いくばあちゃんは、「絵本の村」の重要人物。村の誰かやお手伝いに来た人に、「どうしたの。元気ないんじゃないの」って、声をかけてくれるんです。
　お手伝いに来てくれる人は、なにかに悩んだり迷ったりしている人が多いんです。そういう時に、いくばあちゃんが何の警戒心もなく「どうしたの」って初対面なのに話しかけると、「それがね……」って相談が始まる。中には、いくばあちゃんに話

1st Stage 絵本の村

しながら、泣き出す人もいます。それに、若い世代の相談事に対して、いくばあちゃんは、ズバッと一言で解決しちゃうんです。だから、村の超重要人物。

酸素ボンベをいつも持ち歩いているけど、誰も大変だと思ったことはありません。助けが必要な時は誰かが助けるし、血がつながっていないなんて関係なく、お互いのことを思い合える関係性が築けています。

それに、未来のことを考えても、幅広い年齢層がいるほうが、村は存続します。

たとえば、俺は今53歳ですが、30年後は83歳。その頃、もしかしたら体が思うように動かなくて、家を作ったりできない可能性もあります。でも、今、村にいる2歳の子が30年後には32歳になっている。俺がもし歩けなくてもその子が買い物に連れていってくれる。たぶん。

いくばあちゃんの重たい荷物があるなら、「荷物持つの手伝うよ」って、20代30代の子たちがすぐに手伝いに行ってくれる。

これがもし、全員が30代だった場合。誰かがやってくれるだ

ろう、という発想になるんです。そうすると、誰か一人だけが畑を一生懸命耕して、ほかの人はやらないという状況になってしまいます。

　だからこそ、違う世代が一緒にいることで、お互いに補完し合うことができるんです。

　それに、若い世代から教わることも多いし、違う世代とだって親友や家族のように仲良くなれるもの。

「絵本の村」でも先日、8歳の男の子と、50歳のおじさんがケンカしていました。きっかけは些細なこと。でも、仲直りしたいのはおじさんのほうで、お菓子で釣ろうとするんだけど、「そんなものいらねえよ！」と、8歳の子に一蹴されていました。すると、天気のいい日に、8歳の子から「魚釣りに行くぞ！」とおじさんを連れ出して、すっかり仲良くなって帰ってきました。その日から、いつの間にか立場が逆転して、今では8歳の子が50歳のおじさんの面倒を見ています。

　そんなおもしろい人間関係が成り立つのも、幅広い年齢層がいるからこそですよね。

1st Stage 絵本の村

　魚釣りに行く途中に、子どもが川に落ちたら危ないから、そんな危ない橋を渡らせないように守る代わりに言うことを聞けと強要する大人もいます。でも、「こんな天気のいい日に魚釣りに行かないなんて、どうかしている」と子どもは思うわけです。それを聞いた大人は、「確かにそうだよな」となる。

　大人がそこに気づけたら、最高におもしろいことが起きる。そうやって学んでいくのが、良い村、良いコミュニティの在り方だなと思っています。

12人以上、40・50代からなる村には落とし穴がある!?

　全世代がいると自然と人間関係がうまくいくようになっていることは、これまでの村づくりの経験からわかったのですが、逆に言うと、同じ世代だけの村やコミュニティには落とし穴があります。

　いちばん厄介なのは、40代50代だけが12人以上集まってい

る場合。なぜかというと、正義感を振りかざす人が、だいたい12人集まると、現れるからなんです。

　これは村だけでなく、仕事やどのコミュニティにもいえるのですが、人は12人以上集まると、誰かのアンチが出てきます。そして、そのアンチが言う疑問や悪口に引っ張られる人が2割出てくる。そうすると、そのコミュニティは分裂してしまうんです。

　アンチや悪口を言う人の90％は、誤解と嫉妬からそうなります。そうすると、正義という名のもとに、人を裁き、それに賛同する人が出てくることで、平然と集団で悪をするようになる。そうやって、平気で人を傷つけるような言動へと発展してしまうんです。

　まだ20代30代だけのコミュニティであれば、そのアンチ一人だけが嫌われて終わるかもしれません。でも、40代50代だけのコミュニティだと、正義感が判断基準になって、そっちに引っ張られてしまう。そうなると、そのコミュニティはグチャグチャになってしまって存続は難しくなっちゃうんです。

　これは、エコビレッジ養成講座生にも、人間関係でいちばん

1st Stage 絵本の村

　大事なことだと、伝えています。

村づくりの絶対ポイントは「NO会議」

　どうしても12人以上集まると、嫉妬や承認欲求が要因となってアンチがうまれ、それに巻き込まれてしまう人が出てくる。そうすると、変な"陰"の気(エネルギー)のようなものが現れてきます。それは、避けようがないのかもしれません。たとえば、俺がいろいろな方のYouTubeに出演させていただいて、名前が知られるようになると、俺の悪口を言う人が絶対に現れる。そんなことは、きっと誰もが通っている道だと思います。

　だけど、その悪口にフォーカスするのか、それとも応援してくれる人にフォーカスするのか。それで全然、現実は変わってきます。

　俺自身は、明日死ぬかもしれないと思って生きているので、悪口を言われようが全然構わない。けれど、お手伝いに来てくれた人が、俺や「絵本の村」の悪口を聞いて帰ってしまうのは残念だなと思うので、できれば避けたい。その場合は、村のみんなを集めて、なんでそういうことが起こっているのか、会議

するようにしています。
　会議といっても、「なんでだと思う？」「なぜそういう悪口を言う人がいるんだと思う？」と、全員に質問を投げかけて考えを聞いていくんです。みんなの考えを聞いていくと、答えが見えてくることがほとんどです。

「絵本の村」では、これが唯一の会議。
　それ以外は、「**NO会議**」というのが村のルールです。

　日本人は、なんでも会議から始めようとします。村づくりしかり、コミュニティでも会社でも、まず集まって会議しますよね。これが、日本でエコビレッジがなかなかできない、いちばんの原因だと、俺は思っています。

　なぜ会議をすると、村づくりが進まないのか。その理由は、問題点だけを上げて、そこにフォーカスするから。問題にばかりフォーカスしていては、一歩も前に進むことができません。会議をすることで、一歩も進まない状況を、自分たちで作ってしまっているんです。

　以前、呼ばれたコミュニティでは、エコビレッジをつくるた

1st Stage 絵本の村

めに5年も前から集まって会議だけしていました。なにをそんなにも会議していたのかと聞くと、「どうしたらこのコミュニティでお金を生み出せるのかを話し合っていた」とのこと。

そもそも、お金がなくても幸せになれる村がエコビレッジ。でもどうやってこの村でお金を稼げるかを、まず考えてしまう。それは、会社を起業する発想であって、エコビレッジではありません。

俺がエコビレッジをつくるときは、100年後の世界を思い描いてつくります。

きっと、20年後なのか30年後なのか、いずれお金というものはこの世からなくなるでしょう。それなのに、お金を稼ぐための村をつくっていたら、その村は存続できませんよね。メンバーも総入れ替え、全部つくり直しになってしまいます。

次の代も、その次の代も、みんなが笑って幸せに暮らせる村をつくるには、100年後を目指す必要がある。だから、まず会議をして、この先3年間、どうやってお金を稼ぐかを考えていたら、すぐに動き出せません。畑をしたくても、それも会議にあげて誰かのお伺いを立てないといけなくなってくる。「あの、いつから畑、耕していいですか？」って会議をしているようでは、

なかなか進まないですよね。

　逆に会議はしないで、問題点が出たら、「これはダメだったからこっちにしよう」と、どんどん進んでいくと、勝手に物事は進みます。
　その時の方向転換の基準は、「おもしろそうなほうを選ぶ」こと。
　みんなが問題にフォーカスするのではなく、これならおもしろそう、ワクワクしながらできるという道を選んでいくと、どんどんと進んでいくものなんです。

　エコビレッジに関しては、現代の日本では前例がないので誰もやったことがありません。でも、昔の人は誰もがやっていた暮らしだから、できないことではない。だから、どんどん壁にぶち当たりながら広げていったら、それが正解なんです。

1st Stage 絵本の村

モットーは「がんばらない」

「絵本の村」では、NO会議のほかに、ルールがあります。

それは、「がんばらない」こと。

とはいえ、アバウト工務店のメンバーの作業風景は、どう見ても"がんばっている"感じがするんですが、本人たち曰く、がんばっているのではなく「夢中になっている」んです。

「何回でも失敗していいから。木材を間違えて切っちゃってもいいから、何回でもチャレンジして」
と、俺は常にメンバーやお手伝いに来てくれる人たちに伝えています。そうすると、失敗しても、次はもっと上手になる。二度と失敗しないように、どんどん腕が上がるんです。
　そのうち、みんないつの間にか夢中になっている。それって、決して、がんばっているわけではないんですよね。

そんなアバウト工務店のメンバーは、俺がいない時でも、自分から夢中になって作業しているし、夜みんなで飲みながら

「あぁ、幸せだな〜」って言い合っているそうです。俺がいない時に(笑)。

　言っちゃなんだけど、村づくり、まだ終わってないから(笑)！まだつくっている最中だけど、「オレたち、幸せにたどり着いちゃった」と言い合っているメンバー。

　「がんばらない」をモットーに掲げながら、幸せな村づくりが実現できています。

地域社会との関係性

　日本でエコビレッジをつくろうとすると、宗教団体と思われることが多いです。そう思われてしまうと、仲良くなることも難しくなって、なにをするにもハードルが上がってしまいます。

　そうならないように、「絵本の村」の場合も、土地を買ってスタートする前に地域で説明会を開き、どんな村をつくろうとしているのかをお伝えしました。

　ほかにも、草刈りや新年会、グラウンド・ゴルフ大会などの

1st Stage 絵本の村

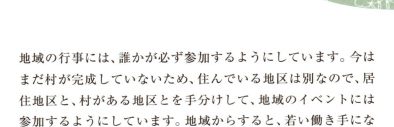

　地域の行事には、誰かが必ず参加するようにしています。今はまだ村が完成していないため、住んでいる地区は別なので、居住地区と、村がある地区とを手分けして、地域のイベントには参加するようにしています。地域からすると、若い働き手になるので、特に草刈りは早く終わるし喜ばれますね。

　地元の方からしたら、大きな建物がたくさん建って、いろいろな人が次々と訪れるので、不安に思われます。なので、WSを開催するときは事前に告知しておいたり、村が完成してマーケットができるようになったら、地域の人も出店できるようにできたらと思っています。

　あくまでも俺たちはよそ者ですから、徐々に仲良くなれると良いですね。

　さっきもお伝えしたように、村づくりで重要なのは「人」です。村のメンバー同士だけでなく、それは地域の人との人間関係も大切。あの人とこの人は相性が悪い、どうもあのご近所さんとは仲良くなれない、なんて経験、誰でもあると思います。
　そんなときは、あなたが仲良くなれなくても、メンバーの中で仲良くなれるという人が表に立てば問題ありません。人に

は相性があると理解して、個人的に仲良くなって、なんでも話してもらうようにしていけたら、この先もいい関係性が築けると思っています。

木陰や雨よけにもなる大きなガジュマル
プロダクトエリア近くにどんと構えています

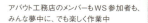

アバウト工務店のメンバーもWS参加者も、
みんな夢中に、でも楽しく作業中

1st Stage 絵本の村

WSやお手伝いにはたくさんの子どもたちの姿も

chapter4
村からはじまる、これからの世界

つくっている最中がおもしろい

　エコビレッジビルダーとして活動していますが、もっともっと村づくりが日本全国に広がるといいなと願っています。

　だからこそ、「村づくり＝おもしろい」ことが大切だなと感じます。

「絵本の村」は、つくっている最中から、みんながおもしろ楽しく過ごしています。1日を終える時に、「あぁ、幸せだな〜」と言えるのは、その日が楽しかった証拠。

　つくっている最中がおもしろいのであれば、村が完成したら、もちろんおもしろく楽しく過ごせます。
　そういう村が、いっぱいある日本になったらいいな。というより、みんなでそういう村をつくり続けられるようになったら

1st Stage 絵本の村

いいな。

　この日本が、おもしろ楽しく、村をつくり続けられる国になれたらいいなと思っています。

都会のOLも夢中になる、オシャレな村

　少し前に比べたら、オーガニックマーケットや地域のものが買えるようなお店も増えましたが、まだまだ限られています。特に、都内にいるOLさんたちは、オーガニック食材といったら、週末のマーケットに出向くしかない、なんて現状。だけど、あちこちに村があったら、「あの村のマーケットに行ってみようかな」と、なると思うんです。

　けれど、あちこちに村があったとしても、都会のOLを動かすにはまだ弱い。それは、オシャレじゃないからです。

　一般的なイメージとして、オーガニックマーケットというと、ゆるっとしたオーガニックコットンとか麻の服を着ている。あとはメイクをしていないイメージもある。だから、全身オシャ

レすることに気をつかっているOLさんからしたら、キラキラした輝きがないって見えてしまうわけです。
　そういう場所には近寄りにくいし、オシャレじゃないから行きたいと思えない。

　だから、村をつくる側は、オシャレにつくっていくことがポイントなんです。オシャレだったら、日本人は真似したいと思うから、どんどんオシャレな村が増えていくでしょうし、流行りになってオシャレな村に通う都会のOLも増えるでしょう。
　オシャレな村にするには、まずそこにいる人たちがオシャレじゃないと、ですよね。村づくりをしている人は、輝いていてほしい。

　節約して我慢して、「私はこれしか食べません」とストイックになるよりも、「ファストフードも食べるし、コンビニのお弁当だって食べるよ。私は健康で丈夫だから、何を食べてもヘッチャラなの！」っていう人のほうが、輝いていませんか？　プラス、内面にも外側も、美しさには気をつかっている。
　もちろん、食べ物は無農薬の食材のほうが美味しい。塩は天日干しの塩がいい。化粧品だってシャンプーだって、村で採れるオーガニックハーブから作れたら、健やかな日常になります。

1st Stage 絵本の村

　そういう健全なものを作る過程から楽しんで、そしてオシャレに日常に取り入れて輝いている。
　そんな人たちが集まる村が、たくさん増えたらいいですね。

"選べる"楽しさ、"選べる"豊かさ

　日本にエコビレッジがたくさん増えていくと、"選べる"ことが増えていきます。そもそも、選択肢があるというだけで、ワクワクするし、豊かなことですよね。

　食料だけをみても、じつは世界はもう変わっていて、日本だけがだいぶ遅れていると感じます。

　たとえば、カンボジアやベトナムのあるエリアでは、「ここから先はGMO（遺伝子組換え作物）フリーゾーン」など、農薬やGMOを入れてはダメという線引きがあります。そうしないと、地球の生態である「菌根菌」のネットワークが崩れてしまって、持続可能な作物が採れる地域ではなくなってしまうのです。

　もしそういう生態系を大切に守れるような村が、世界中でたくさんできてくるとどうなるのだろう。
　そんなふうに、みんなが着目するようになったら、社会は確実に変わります。

　じゃあ、日本の社会が変わったらどうなるか。野菜を例にだしてみます。

　タイではすでにそうなっていますが、一般的なスーパーに行ってトマトを買おうとします。すると、慣行農法・有機栽培・自然農法・自然農法だけど育苗は加工あり、と４種類のトマトが並んでいます。消費者は、この４種類の中から好きなトマトを選べるわけです。
　そうしたら、子どもの頃から食べていた自然農法のトマトの美味しさに慣れているから、私は自然農法にしようとか、今日は料理にたくさん使いたいから慣行農法のでっかいトマトにしようとか、自由に選べます。

　今の日本の現状はどうでしょうか。スーパーで売られている野菜は、農法別に選べないですよね。

1st Stage 絵本の村

　でも、村がたくさん増えて、みんなの意識が変わって、日本の社会が変わったら、自由に選べるようになるはずです。

　それには、おもしろくて楽しくて、幸せな村を日本にたくさんつくること。
　そんな村が増えたら、もっとみんなが真似するようになって、100年先も笑って幸せに暮らせる、ワクワクする世の中になっていけるでしょう。

　それこそ、エコビレッジビルダーとしての俺の目標です。

夢は「種バンク」

　今、思い描いている夢は、「**種バンク**」です。
　言い換えると、種の物々交換。

　日本全国で講演会をしているうちに、いろいろな人たちに出会えて、つながることができたので、まずは食料の物々交換ができるようにしたいと思っています。

　この国では、毎日、多種多様な食材を手にできます。その土地ならではの食材もありますよね。淡路島だったら玉ねぎ、北海道だったらじゃがいも。ここ石垣島もたくさんの野菜が採れます。

　自分たちのところで必要な分だけ確保したら、あとはほかのエリアに送る。そして、別のエリアから、特産の野菜が届く。そんなふうに、ぐるぐる回っていったら、まるで有名なスーパーマーケット並みの野菜の種類があなたの台所に揃います。

　それを村単位でできたら、一気にドカンと送れるし、送料も負担にならないですよね。

　とはいえ、石垣島から北海道に野菜を送ろうとしたら、3000円くらい送料がかかってしまいます。それだったら美味しさと安全優先より、スーパーで買ったほうがいいかもってなってしまうかもしれません。

　だから、「種バンク」なんです。

　今は、遺伝子組換えではない種が、手に入りにくくなっています。だから、まず安心安全の作物を育てたら、その種を全国の村に送ってあげます。この時に、その種から作物を育てたら、

1st Stage 絵本の村

種を10倍にして返してね、とお願いしておくんです。

1粒からは30倍の種が採れるわけですから、そのうちの10倍くらいは返してもらっても、お互いに負担にならないですよね。残りの種は、自分の村でも隣の村にでも、自由に広げて増やしていってもらえばいい。

しかも、種だったら、約100円で送れる。届いたら、育てて、そのうちの10倍の種を送り返してもらう。

そうすると、種バンクのできあがり。新たに村づくりするという人に、「なんの種が欲しい？」と、ファイリングした中から欲しい種を送ってあげる。そうして、種が増えたら、送り返してもらう。

そうやって、全国グルグルと種が回っていったら、食べ物にも困ることはなくなります。

あなたの家のベランダに、心の安心を

エコビレッジをつくるには、誰かが土地を持っていないと、実際難しいもの。けれど、みんなで農地を借りたりすれば、農

園はすぐにでも作ることはできます。

そこで種バンクを活用すれば、グルグル食べ物を回すことはできますよね。
それはなにも、村じゃなくてもいい。**自宅**でもできます。

これは俺が今いちばん大事だなと思っていることなので、講演会でいつもお伝えしているんですが、みんなに、花壇や鉢植え、少し広さがあれば1畳分だけでいいから、好きな野菜を育ててほしいんです。
トマト、茄子など好きな野菜を、試しに可愛がって育ててみて。そうすると、これまで食べた中で一番美味しい！って感じるはずだから。

このときのポイントは、**好きな野菜を育てること**。
そこまで好きじゃないけど、健康にいいからっていう理由で育てていると、それは義務になってワクワクしなくなります。そうすると、野菜の成長も遅くなるんです。味も美味しくなくなってしまう。
だから、まずは1種類だけ、大好きな野菜を育ててみてください。その野菜が美味しかったら、きっと3種類くらい育て始

1st Stage 絵本の村

めるようになりますよ。

　次のポイントは、**自宅の玄関やベランダで育てること。**
　車に乗らないと行けないような場所に畑があったら、そのうち行くのが億劫になるし、ガソリンが必要でしょ。車がなくても行ける距離がいい。
　とはいえ、少し歩けば畑に行けたとしても、真夏の炎天下の日は暑すぎて行くのが嫌になっちゃいます。だから、自分の家の玄関先かベランダがいいんです。

　森の中で狩猟採集生活をしていた時に、時間はたっぷりあったので、その日に採れる食材をどう料理するか日々研究していたら、いつの間にか料理研究家になっていました（笑）。その腕を活かして、『彼氏ができる料理教室』を開催していたんですが、今度は『ベランダで作る野菜の料理教室』をしようかなと考えています。栽培が簡単にできる3種類の野菜だけを使った、しかも中華にもイタリアンにも応用できるような料理ができたら、どんな環境でも食事を楽しめますよね。

　今の世の中の多くの人は、不安にばかりフォーカスしています。2025年になにかがあるのではとか、この先、世界はリセッ

トされてしまうのではないかなど、心配している人も多いみたいですね。

　たとえリセットされたって、目の前に食べるものがある。しかも大好きな野菜があって、美味しく料理できる。種バンクも利用できる。そうなったら、少なくとも自分の家から食べ物がなくなることはないですよね。

　石垣島でも、台風の直前はスーパーやコンビニから食料がなくなります。日本人は、買いだめするクセがありますよね。その状態が東京や大阪だったら、一瞬で食べ物が街から消えます。
　そうなっても、なにが起きても、自分の家にはとりあえず、野菜がある。それを、美味しく食べられる。
　それで、充分じゃないでしょうか。

自分の家のベランダに、心の安心があればいい。

　村づくりも大切ですが、まずはあなたの自宅から始めてみてください。

1st Stage 絵本の村

エコビレッジビルダー養成講座生へ
農作業の授業風景

"銀之輔青空キッチン"は20〜40人分!
パスタなら数種類
味わいを変えてみんなが楽しめるよう作ります

講演会を通して日本全
国にエコビレッジの在り
方をお伝えしています

2nd Stage

幸せな在り方

"山納銀之輔"流、幸せな10の在り方

2nd Stage　幸せな在り方

1. 食

生命エネルギーの強い食を

　人間に本当に必要な食とはなにか。俺の答えは、新鮮なもの、採れたてのもの。朝、採ってきたものを食べるのが、いちばんじゃないかな。なぜなら、生命エネルギーが強いから。
　なぜか冷蔵庫に入れた途端、その食べ物からエネルギーが一気になくなるんだ。
　たとえば、卵。庭でニワトリが産んでくれた新鮮な卵も、常温だと２か月くらいもつのに、冷蔵庫に入れると２週間が賞味期限となってしまう。
　おそらく、冷蔵庫の電気が原因なんじゃないかな。同じように、発泡スチロールに氷を一緒に入れておいた魚はエネルギーが減らないから。

　やはり、採れたてのものが人間には必要。しかも、たくさんの種類を食べなくていい。だって、マサイ族は１日数種類しか食べてない。ネイティブ・アメリカンも、トウモロコシの粉とスープのみだった。そのスープをトマトで作るか、チキンなのか魚

なのかの違いだけ。中国の巴馬(バーマ)というところの民族は、ナマズと麻の実くらい。それでも、民族の平均寿命は102歳。俺が行った時は、105歳のおじいちゃんが薪を担いで山から降りてきた。歳の数え方間違ってんじゃないの？と思ったけど、ちゃんと記録していたから、たぶん本当の歳(笑)。ちなみに巴馬には、薬局も病院もなかった。

　世界の人たちを見て知ったのは、たくさんの種類の食材を食べれば栄養バランスが取れるというのは、俺たちの思い込み。いろいろな種類がなくても、１種類の食材の中にビタミンＢがちょっとだけ含まれているとしたら、体は選んで栄養を吸収しているんだと思う。
　そうじゃなかったら、トウモロコシとスープだけ、その日に採れた１種類だけで、元気でいられるわけがないから。マサイ族のみんなも、元気だったし。彼らには冷蔵庫がないから、お腹が空いたら採って食べる日々。だから、生命エネルギーをダイレクトに食べているんだと思う。

　量子力学の考えに当てはめれば、粒が小さいほど吸収がいいってことだから、ほんの少し食べ物に含まれている栄養だけで充分吸収できるし、作用するんじゃないかな。

2nd Stage 幸せな在り方

　逆にたくさん食べると、処理をするほうにエネルギーが使われてしまうんだと思う。だから疲れる。

　参加者と一緒に洞窟サバイバルをすると、2、3日めまでみんな具合が悪いんだけど、それ以降はみんな元気になる。腹減ってるはずなのに、すごい元気になってくるんだ。顔もツルツルになる。

　それは、体の中にある酵素が、体の細胞を補修するから。本来はそういう働きがあるのに、食べちゃうと補修のエネルギーを消化に使ってしまう。だから、いっぱい食べないほうが体の補修にエネルギーが回って、元気で若々しくいられる。

　必要な時に、必要なものだけ食べるようにするといいんじゃないかな。

Q&A

Q. どういう食材を選んだらいいですか？

A. たとえば、スーパーに行くと、どうみてもこの食材は市場から直送されたなってわかるでしょ。まずはそういう食材がいいよね。
いちばん良い選び方は、旬のもの。旬で安いものは、今日届いて、今日お店に並べた新鮮なもの。
逆に、高い野菜は不自然だよね。旬じゃないからハウスで無理して作っていたり、たとえオーガニックだとしても船で遠くから運ばれていたりする。だから、新鮮ではないと考えるのが妥当かなと思う。
野菜もフルーツも魚も、旬なもので近くでとれたものは安い。それが一つの選ぶ目安かな。

2nd Stage 幸せな在り方

Q. 食に関して、情報がありすぎてなにを食べていいのかわからなくなります。なにを食べたらいいでしょうか？

A. 素直に、食べたいものを食べたらいいよ。
日本はとてもいい国で、世界中の料理が食べられるじゃん。しかも味覚が優れている。甘味・酸味・辛味・苦味・塩味に加えて、旨味まで感じられる。あんなに手間暇かかって作る透明な汁を飲んで「うまい！」なんて、味の違いまでわかるのは日本人くらいじゃないかな。じつは、昆布や鰹節から採る旨味の汁には、体に必要なミネラルが入っている。だから「うまい！」と感じるものを素直に食べていたらいいと思う。

現状、日本はなんでもあるから、そのままかじっても美味しいものに、ちょっと手を加えてさらに美味しさを楽しむっていうのが大事じゃないかな。いい食材をそのまま食べてもいいけど、食は楽しくなくちゃ。だって、三大欲求の一つだよ？　だからこそ、美味しさを味わって、楽しむといいよ！

あとは、こんな究極の質問を自分にしてみて。きっと食べたいものが思い浮かぶはずだから。
「"あなたの命はあと半年です"って言われたら、毎日なにを食べたい？」

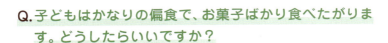

Q. 子どもはかなりの偏食で、お菓子ばかり食べたがります。どうしたらいいですか？

A. お菓子はそもそも畑で採れないし、お金がないと手に入らないよね。どうせこの世からお金がなくなったら、お母さんの手作りのお菓子しか食べられなくなる。だから、お母さんが美味しいお菓子を作ったらいいね。

俺も、お菓子ばっかり食べて、ごはん食べない子だった。すももが入った液体のお菓子をチューチュー吸っていたから、ごはんの時間になっても全然食欲ないんだよね。

だから、今日は家にお菓子がないっていう状態にして、外に買いに行っちゃう前に、超お腹が空いている時に美味しい料理を作ってあげたら、ごはんがすごく美味しい！って感じてくれるんじゃないかな。やっぱり、「秋刀魚うめぇ！」って思うのは、腹減っている時に、香ばしいいい匂いがしてきて、目の前にきたら醤油をかけて食べるから美味しいわけ。ポテトチップスを食べた後じゃ、「うめぇ！」って思えないんだよね。

俺は親が無添加の食べ物にこだわっていたから、無添加のラーメンのスープと、調味料バリバリ入ったラーメンのスープの違いを、小さい頃から知っていたんだ。無添加のほうが美味し

2nd Stage 幸せな在り方

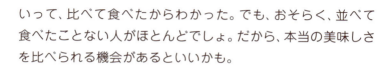

いって、比べて食べたからわかった。でも、おそらく、並べて食べたことない人がほとんどでしょ。だから、本当の美味しさを比べられる機会があるといいかも。

お菓子でも、本当に美味しいお菓子ってあるよね。俺の母親は北海道出身だから、シンプルな原材料だけでできたマルセイバターサンド(六花亭)とかを食べさせてくれた。そういうものを食べて育ったから、よくわかんないものが入っているお菓子とか、興味はあるけど食べたいとは思わない。
どうしてもお菓子が食べたいっていうなら、昔ながらの、添加物の入っていない美味しいお菓子を食べさせてあげるといいんじゃないかな。

Q. 毎日忙しくて、作るのが面倒で、美味しくないとわかっていても、お腹をとりあえず満たすために、コンビニ食で済ませてしまいます。どうしたら食生活を変えられますか？

A. うーん、引っ越しだな！　コンビニがない田舎に引っ越すの。田舎は食べるもの、いくらでもあるんだから。

たとえば、石垣島では月桃の葉に包んだムーチー（餅）が、わざわざ買いに行かなくても、どの家庭にもあった。昔は作っていたんだよね。近くにお店がないからさ。美味しいし、材料費は安いし。

田舎のコミュニティで、おじいおばあが作ってくれたのを買えるようにできたらいいよね。手作りマルシェとかが日常的にあったら、自分で作らなくても、おばあの美味しいごはんがすぐに手に入る。

忙しいから美味しくなくても手軽なものを食べるのと、手間がかかっても美味しいものを食べる。どちらを優先したいか、比べてみたらいいんじゃないかな。

以前、アバウト工務店にユウダイっていう男の子がいたんだけど、偏食で、肉が食べられなかった。だけど、俺が作った唐

2nd Stage 幸せな在り方

揚げもハンバーグも食べられる。どういうこと？と思ったら、それまで本当に美味しい肉料理を知らなかったんだよね。それからは、自分で作るようになったの。
焼き鳥屋のこだわりの焼き鳥を食べたら、コンビニのよりも超うまいじゃん！ってわかって、塩にこだわって、自分で炭火焼きにも挑戦していた。それに美味しい卵焼きの作り方を教えたら、こんなにうまいんだ！と、次からは手間暇かけてでも、自分で作るようになっていた。
餃子も、それまでは美味しくない肉が入っているレトルトのものしか食べてこなかったんだけど、中身の具材から皮も自分で作って、肉もいっぱい入れて作っていた。俺にとっても、ユウダイのつくった餃子は人生でいちばん美味しかったな。

子どもは、まだ美味しさに出会ってないだけ。それに、子どもには時間の無駄という概念がないから、時間をかけて美味しい卵焼きでも餃子でも、自分で作ってみるといいよね。
それは大人だって同じ。自分で作った美味しさを知れば、手間暇かけてでも、美味しいものを食べよう！と思えるんじゃないかな。

Q. 銀ちゃん流ダイエット食を教えて！

A. まずは、野草はまったく太らないね。
魚は自分で泳いで銛（もり）で突いて獲ってくると、食べるカロリーより獲るカロリーのほうが高いから太りません（笑）。泳ぎは、スゲーいい運動だよ。それに、獲れたての魚はエネルギーが強いから、ちょっと食べただけで満足しちゃうしね。
あとは、山芋もおすすめ。掘るのに２時間かかるからね（笑）。土の中から掘りたての山芋は生命エネルギーが高いし、ちょっと食べたら満腹になるからいいんじゃないかな。

2nd Stage 幸せな在り方

2. 住環境・コミュニティ

なるべく大地に近い住まいがいい

　これまであらゆるところに住んできた。東京の高層マンション、400年前の壁もないような古民家、森の中……。

　いろいろ住んだ結果、住む家は地面に近いほうがいい。それと、木造がいいな。コンクリートの家に住むと、どうも1日で体が回復しない。次の日も疲れが残っているな〜って感じる。「絵本の村」ができるまでとして、今住んでいる家も、昔のコンクリートで作られた家だから、やっぱり完全には疲れが取れない。だったら、砂浜にテントを立てて寝たほうが、俺は回復が早いね。

　村づくりやコミュニティが目的ではなく、普通に暮らす家をこれから探すのであれば、住みたいと思った家の写真を外から撮った時に、緑が1／3写る家がおすすめ。ようは、自然の中にある家。

　だからマンションはできたら避けたい。特に、地上から6メートル以上になると、発酵ができなくて食べ物が腐ってしまう。1階2階に住んでいる人は、ニンニクもジャガイモも、ぽいっ

と置いておいたらどんどん芽が出てきたりする。けれど、3階以上だと腐ってくる。味噌を発酵させるとスピードも違うはず。だから、昔の人は、台所の床に地下食料庫があって、そこに漬物とか味噌を入れていたでしょ。

　それに、地面に近ければ近いほど、大地のエネルギーも入るからいい。

　住む地域を選ぶコツとしては、どこの県とかではなくて、景色が良いところを選ぶのがいいんじゃないかな。朝起きて、景色がよかったらそれだけで幸せでしょ？　朝、窓を開けて、目の前が隣のビルの壁だったら、全然テンションが上がらない。だから景色は大事だな。それだけで幸せになるから。

　エコビレッジをつくらなくても、今すでにみんなコミュニティを作っている。好きなことやしたいことがあって、それをしている人たちが集まったら、それはもうコミュニティだから。

　村づくりをつくるポイントは第Ⅰ部(P38)で詳しくお伝えしたけど、多様性があるコミュニティがいいよね。いろいろな人がいたら、人見知りだったとしても誰かとは仲良くなれるでしょ。

　それに、全部のことを完璧にできる人はいないから、この人は料理が得意、この人は縫い物が得意、この人はごはんを人一

2nd Stage 幸せな在り方

　倍食べるけど畑を耕してくれるとか、なにかしらみんな特技がある。人数がいたら、その分みんな違うから、いろいろなことができるようになって、一気に物事が進む。スピードがアップするんだよね。たとえば、2人で村づくりしたら10年かかるところを、5人いたら2年でできたりする。

　レインボーピープルは、今のところ6人体制。それ以上になると、食べ物を集めるのが大変だから。タンザニアに10人でいたら、今日は何匹のカニを捕まえればいいんだろうと、ちょっと大変。でも6人だったら、3人が家の柱を建てている間に、ほかの3人が魚を獲りに行くことができる。3人で計6人分の魚だったら、そんな大変じゃないから。これが逆に2人だと、今日はなにもできなかったね、という日が続いてしまう。だから、6人がベストかなと思っている。それなら狩猟採集しながらの村づくりでも、2年で完成できるね。

Q. 今住んでいる場所は好きだけど、災害が来たら危ないと言われている地域です。そういう場所に住み続けるのは避けるべきですか？

A. ううん。大好きな場所にいるべきだよ。人は寿命が決まっているし、災害で命を落としてしまうのも、それが寿命ということだと思うから。

楽しくて自分の好きな場所にいたほうが、安全と言われているけどつまらない場所に一生暮らすより、良くない？ つまらない場所で長生きしたい？

もし大災害が来なかったら？ 来ないかもしれないじゃん。だから、自分がいちばん大好きな場所で、気に入ったところに住むのがいいよ。

俺は、津波がいつか来るかもしれないと言われても、海沿いにビキニギャルがいる景色で、コーヒー飲んで暮らしたい（笑）。窓開けても隣のビルだしつまらないなって思いながら孤独死するより、よっぽどいい。

ちなみに、俺がいちばん好きな場所は、やっぱり石垣島。

2nd Stage 幸せな在り方

Q. 自然豊かな場所に移住したいけど、奥さんが反対しています。どうしたら説得できますか?

A. 説得する必要ないよ。2拠点生活をすればいいよ。それなら、完全に引っ越さなくてもできるでしょ。

1箇所、あなたがいいなと思う地域に住めるような場所を作って、行ったり来たりしているうちに、やっぱり自然がある暮らしっていいなとなってくれるかもしれないしね。

急に全部捨てて引っ越そうとすると、奥さんは嫌がるよね。それには覚悟がいるから。人間の3大ストレスが、離婚・転職・引っ越しらしい。だから、移住しようとするとストレスになってしまうんだよ。

だったら、2拠点生活をしてみて、しょっちゅう行き来して、そのうち田舎のほうが比重が多くなったら、こっちのほうが居心地がいいわってなるんじゃないかな。

まずは、あなたが行きたい場所に拠点を作ってみて、奥さんがその場所が好きとなればいい話だから。説得しようとしてもムリ。もし奥さんが、その場所が気に入らなかったら、諦めて違う場所を見つけよう。または、あなたがどうしても譲れないとなったら、違う奥さんを見つける道もあるのかもね(笑)。

Q. コミュニティにどうしても苦手な人がいます。このままでもいいのでしょうか?

A. みんないるよ、苦手な人。だけど、放っておいちゃダメです。それが、エコビレッジビルダーのいちばん大事なこと。養成講座では第1回めの雨の日の授業で扱うテーマなんだ。

コミュニティ内の苦手な人への解決方法は、人によって違うからいろいろあるけど、放っておかないほうがいいね。自分からアクションを起こしたほうがいい。

そもそもなんで苦手なのか、探ってみよう。自分の中で答えは出ているはずだから。自分の嫌なところが、その苦手な人に投影されているんじゃないかな、きっと。

2nd Stage 幸せな在り方

3. 自給自足

農は小さければ小さいほどいい

　まず「農業」というのは、"業"だから仕事で作る人。農業といった時点でお金のために始めてしまうから、「農」と言うのが本当はいい。俺もつい「農業」って言ってしまうけど。農は単なる食文化だと思って始めるとうまくいく。

　農をして、自給自足をするポイントは、作物を作るエリアは小さければ小さいほどいい。小さいエリアにいろいろな種類の種を蒔くのが、いちばん自然に近い状態。だって、一列キャベツだけとか、人の手で作らない限り自然界ではありえないでしょ。

　縄文時代では、買い物しなくても食料があった。森の中でもそうだし、ミャンマーでもそうだった。縄文の頃は、鳥がフンをしてそこから作物が生えてきた。それに、全部ごちゃ混ぜになっているから、毎日食べ物にありつける状態になる。

　それは、土の中に「菌根菌」という植物のネットワークが張り巡らされているから。ある野菜が弱ったら、「あっちの野菜、弱ってるよ」とネットワークで伝わって、つながっている植物が糖分をその野菜に送る。だから自然界では、植物同士が助け合うことで大きく成長しているんだよね。
　だから、同じ種類の野菜だけを蒔いて、ついでに肥料も蒔いちゃうと、不自然すぎてネットワークが張り巡らされない。

　ということは、小さいエリアにいろいろな種類の種を蒔いて、そして可愛がることが大切。
　人間の体は水分がほとんどでしょ。それは植物も同じ。水には想念が転写されるから、「可愛い」「楽しい」と思いながら野菜を育てていたら、美味しくなる。
　逆に、「この畑広すぎて大変」「農作業イヤだな」って思っていると美味しくなくなる。
　コーヒーだって、ドリンクバーで入れるのと、カフェで一杯ずつドリップしてくれるのとでは、美味しさが全然違うでしょ。あれは想いが転写されるから。だから「美味しい」って喜んでいる顔を思い浮かべながら、小さい畑で育てると、美味しく育つしスピードも上がるよね。

2nd Stage 幸せな在り方

自然界の法則「トーラス」

　人間もしかり、この宇宙空間には「トーラス」という構造がある。
　木を見たら、わかりやすいね。枝が伸びていて、根っこも伸びている。それが循環しているのがトーラス構造。

　自然界のトーラスは磁場のバランスがちゃんと整っているんだけど、人間だけが歪んでいる。なぜかというと、左脳で考えるから。赤ちゃんとか幼い子どもは整っている。大人でも、ちゃんとリラックスしている人は整うんだけど、この世の中は整わない要因だらけ。
　その中でも、畑を耕していたり、田んぼを育てていたり、植物に囲まれて、自然に触れている人は、自然とトーラスが整うんだよね。裸足で土の上を歩いているだけでも整う。
　なぜそうなるかというと、自然界のトーラスと人間のトーラスが共鳴して、自然界が人を癒そうとするから。

　日本は食料自給率が低い。本来は、自分の好きな野菜は自分で作って、余った畑で売るための野菜を作ればいい。畑という

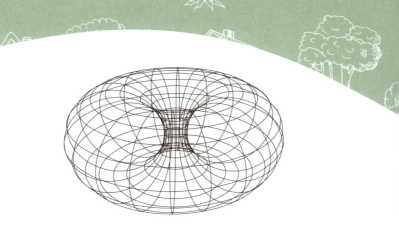

名の"野菜を作るための工場"にしないで、一個一個、丁寧に「今日もこんな伸びたな」と野菜に触れていると、その野菜のトーラスと共鳴して、自然と自分も整う。

自分のトーラスが整うと、周りにいる家族とか村のメンバー、動物まで整う。しかも、学校の先生も会社の同僚も整うようになる。共鳴するからね。

だから、いつもリラックスした状態で、自然界と触れることが大事。

35年ローンでマンションに暮らしている人でも諦めないで、休日は滝とか畑に行けば、整って帰ってこれるから。

東京の人は、新宿御苑とか代々木公園の芝生の上でヨガをしたりしているでしょ。ビルの一室でヨガをするのとは、全然違う。それは、トーラスが整うから。

2nd Stage 幸せな在り方

　自然の中に行くのが難しい場合は、おもしろくてしょうがない！っていうことに夢中になっていると、人はリラックスできる。そういう人はだいたいプロフェッショナルと呼ばれているね。短距離走者は、いちばん早く走っている時が気持ちいいと感じるらしい。マラソン走者もそう。整っている状態にいつでもなれる人が、プロと呼ばれるんだよね。
　俺も、漆喰を塗っている時は瞑想状態で、完全にトーラスが整っているから、それを見た人にはビックリされることもある。その人曰く、"氣"が出てるんだって。

　あと、カニを捕まえる時、カニは敏感な生き物だから人間の殺気に反応してすぐに潜ってしまう。だけど、こちらが目を開けながらも完全にリラックスして、瞑想状態になると、カニはひょこっと出てくる。でも、「今だ、捕まえよう！」と左脳が働くと、また一瞬でカニは潜ってしまう。それを繰り返していると、いつの間にか瞑想状態が続いて、カニを捕まえることができるようになる。
　それは、トーラスをコントロールできたから。結果、カニ獲りのプロになれます（笑）。

Q&A

Q. 銀ちゃんがゲストで出ているYouTube動画で「全自動の法則」の話を聞きました。全自動の法則に乗るにはどうしたらいいですか？

A. この世界は全部うまくいくようにできている。そうじゃなかったら、野生動物は全滅しているでしょ。自動的にうまくいっている、人間以外は。

人間が全自動に入るいちばんの方法は、リラックスすること。なんだけど、人間にリラックスしてというと、ただのグウタラになっちゃうじゃん（笑）。

そうじゃなくて、俺が思うに、嫌なことをしている間ってリラックスできない。だから、嫌なことを1日だけやめてみる。「今日は一切、嫌なことはやらない！」って決めちゃう。そうして、今日は嫌なことをしなかったという日を、1日、3日、1週間……と増やしていく。

そうすると、隙間ができて、やりたいことをやる時間が増えるんだよね。結果、ワクワクして常にリラックスした状態になれるんだ。

常に笑いながらワクワクしておもしろいことをしていると、良

2nd Stage 幸せな在り方

いことしか起こらないし、良い人しか集まらない。これが、人間の全自動の法則かな。

どうしても、嫌なことをしていると、嫌だなってことにフォーカスしちゃうじゃん。でも、リラックスした状態をだんだんと長くしていくと、そのうち「前まで嫌だなと思っていたけど、別に嫌じゃないかも」と、ふと思えたりする。それは、フォーカスする先が変わったからなんだ。そうなると、全自動の法則で最高の人生になるよ。

Q. 自給自足は憧れるけど、都会育ち都会暮らしの自分にはハードルが高いです。なにから始めたらいい？

A. 前にも伝えたけど、玄関先やベランダに、花壇を作るところから始めたらいいよ。好きな野菜を1種類育ててみてね。
田んぼは俺だってハードル高いもん。向き不向きがあるから。だから、自分が食べたい野菜がいいよ。ジェノベーゼが好きなら、ハーブを育てるとかね。それならすぐできるよ。

Q. 以前、畑にトライしたけど挫折した経験があります。継続させるコツはありますか？

A. でっかく作りすぎたんじゃないかな？　継続させるポイントは、小さい畑にすること。
そして、1日15分以上やらない。15分以上かかるんだったら、スーパーに行って買ったほうが早いじゃん。だから挫折しちゃう。
それと、遠い畑も続かないかも。畑に着くまでにスーパー4つくらい通り過ぎちゃうと、買えばいいかってなっちゃうから（笑）。近くがいいから、やっぱり玄関先かベランダだね。

2nd Stage 幸せな在り方

4. 人間関係

溜めないで自分から動いて満たす

　人間の悩みのほとんどが、お金と人間関係だというよね。それだけ悩んでいる人が多いっていうこと。

　人間関係で大切なことは、なんでも言うことかな。一見、失礼にあたることもある。けれど、言いたいことがあるのに言わずに、ずっと溜めておくと、相手のことを嫌いになってしまう。だったら、失礼にあたるかもしれないけれど、相手に伝えるのがいいかなと思う。日本人は相手に遠慮してしまいがちだけど。

　もしそれで、相手が離れてしまったら、それは仕方ない。いずれ、人間関係の形は変わっていくから。

「絵本の村」のアバウト工務店のメンバーは、言いたいことがあれば、お互いに言いたい放題。みんな超仲が良い。逆に、言いたいことを言い合えるほうが、長く付き合える関係性になるみたい。

　俺の場合は、人の裏切りに遭ったことが何度かあるけど、赦せるまで時間がかかった。

　直接、謝罪されたわけじゃないけど赦せたのは、自分が満たされたから。自分が幸せになっちゃったら、どうでもよくなったんだよね。

　もし自分が満たされていなかったら、人を赦すことは難しいかもしれない。だから、自分が満たされるようにすればいい。相手のせいではないから。相手に原因があると思わないで、自分が満たされたほうが早いしラク。どうでもよくなるからね。

2nd Stage 幸せな在り方

Q. 家族と昔から反りが合いません。正直、話もしたくないです。とはいえ、血のつながった家族。このままでいいでしょうか？

A. そうだなぁ。そのうち折り合いがつくまで待ったらどうだろう。無理やり合わせようとしても、余計悪くなるパターンも多いじゃん？
今は仲良くするタイミングじゃないから反りが合わないんだと思って、とりあえずタイミングを待つのもいいんじゃないかな。そのうち仲良くなれるよ、たぶん。

Q. これまでの人間関係で、馴染めた環境がありません。馴染むのは、もう無理なのでしょうか?

A. なんで馴染めなかったのか、どういう環境だから馴染めなかったのかにもよるね。
原因がわからないけど、もしかしたら何度も馴染めない経験をしているなら、"馴染めない"ことにフォーカスしているから、無意識のうちに馴染めないところを探している可能性もあるのかな。「自分はどこにいっても馴染めないんだ」と、フォーカスするのをやめてみるといいかもね。

Q. 過去に傷つけてしまった人がいて、謝りたくても受け付けてもらえません。どうしたらいいでしょうか?

A.「ごめんね」って言えればいいけど、言わせてくれないっていうことかな?
言いたいと思っても向こうが拒否しているような場合なら、そのうち言える日が来ると信じよう。
それから、なんで今すぐ謝りたいと思うのかも、自分に聞いてみて。いつか謝ればいいよ。そのタイミングが来るから。だから慌てなくていいんじゃないかな。

2nd Stage 幸せな在り方

Q. 仕事でチームをまとめる立場にいますが、なかなかまとまりません。コツはありますか？

A. おもしろいことをすることだね。おもしろくないから言い合いになるんだよ。

または、誰かが正義感を振りかざしたり、特にまとめる立場の人は「オレが正解」と思わないで、この世に正解なんてないし、どっちでもいいというスタンスでいるとうまくいく。管理職の立場だったり、なにかを決めなきゃいけない場合は、おもしろいを基準にして選ぶといいよ。

おもしろいほうを選んで、たとえうまくいかなかったとしても、みんな「おもしろいから、まぁいいか」と落ち着く。おもしろいほうでダメだったなら、別の方法を探す。

逆だと、「だからこれじゃダメだと言ったんだよ！」となってしまうんだよね。だから、おもしろくてワクワクするほうを、常に選んでください。軌道修正はいつでもできるから。

Q. 長年一緒にいた旦那さんと、価値観が合わなくなってきました。家にいると疲れます。この関係性は修復できないでしょうか？

A. どうしようもないです。役割が終わったんだね、きっと。自分の考え方が変わった瞬間、ライフスタイルも変わるし変えたくなるから、どうしようもないね。

修復したり、戻そうとすると、相手をコントロールすることになるから、余計に仲悪くなっちゃう。だったら、お互いに違う価値観になったけど、それぞれの道で仲良くしていきましょう、というほうが幸せじゃないかな。この場合は、軌道修正しなくていいね。

2nd Stage 幸せな在り方

Q. これからの時代に大切となる人間関係はなんだと思いますか?

A. 交換条件とかの条件がない関係性が大事。
親子って無償の愛で成り立っているじゃん？ みんなが家族という関係性を築くことが大事じゃないかな。俺はそれを、世界のマサイ族やシャン族（ミャンマー）で目撃したから。みんなが家族で、みんなが無償の愛で生きている。なぜなら、その村にはお金の概念がないから。お金が存在しなくても、大人も子どもも、じいちゃんもばあちゃんも、みんな仲良く関係性が成り立っていて、助け合っていた。大切な人間関係ってこれだよな、と思ったよ。
この先、20年後か30年後か、いつかはわからないけれどお金がなくなった時に残るのは、そんな関係性だよね。

5. 仕事

お金を考えずにしたいことをする

　これからの時代の働き方としては、お金を抜きにして、やりたいことをやる。

　仕事＝お金を稼ぐこと、と思っているうちは、本当の自分のやるべきことを見つけることは難しいね。なぜなら、この国は、世界一、職業が多いから。

　本来、すごく幸せな国なんだよ。日本人はチャンスを持って生まれている。なんの職業でも就けるんだから。けど、損得で価値を決めるクセがあるでしょ？　だから、婚活パーティーでも、本当にイイ男かどうかじゃなくて、条件で選んじゃう。女性のDNAは子孫を残すための能力として、自分にとってベストな子孫を作れる相手を見極める能力を持っているんだけどね。

　ちなみに、女性は相手を0.5秒で見極める、かつTシャツの匂いと写真の顔、それぞれで好みを選んだら70％が一致するのに対し、男性が見極める確率は1／50です（笑）。

2nd Stage 幸せな在り方

　この世はバランスが取れるようになっているから、やりたいことをみんながやったら、全員に仕事があるようになっている。

　じゃあ、自分がやりたいことはなんなのか。
　その答えは、たとえゼロ円でもやりたいと思えること。それがあなたの仕事。
　この世から、お金がなくなります、全部無料ですとなった時でも、やりたいと思えることはなんだろう？
　それが、自分の仕事の見つけ方。

　そのうちAIに仕事を取られてしまうのでは、と不安になっている人もいるかもしれないけれど、AIにはやりたいことはない。やりたいことがいっぱいあるなんて、人間だけだよ。
　だけど、AIのように生きていたら、「オレは何もできない、やりたいことなんてできないんだ」っていう錯覚に陥ってしまうかもしれないね。

Q & A

Q. ずっと雇われて仕事をしてきました。社会の流れ的にも、自営とか独立の道もあるし、抜け出してみたい気持ちもあります。だけど、自分から興すという勇気が出ません。このまま雇われ続けていくしかないのでしょうか？

A. それが向いているのかも。誰もが独立して経営者になればいいというわけではないよ。

調和をとったり、みんなと一緒に足並み揃えて同じことをするのが向いている人もいるから。そのほうが幸せかもしれないよ。俺は経営者だった時、幸せじゃなかったもん。だから、もし今、楽しかったら、今のままでいいんじゃないかな。

周りが独立してチヤホヤされていると、自分もそっちに行きたいとか、自分から動かなきゃ！と思ってしまいがちだけど、雇われることが向いているのかもしれない。または、雇われはダメだという思い込みがあるのかもしれないね。それは、単なる思い込みだよ。

2nd Stage 幸せな在り方

Q. 自分の夢のために、今の仕事を辞めようと思いますが、正直不安のほうが大きいです。まだ辞めるのは早いでしょうか?

A. 悩んでいるんでしょ。だったら、答え出ているよね。やりたいことがある、すでに見つかっているんだったら、突っ走ったほうがいい。

不安があるなら、やりたいことをやってみて、やめたければすぐにやめればいいの。そして、次の夢に向かえばいい。

そうやって、やりたいことを続けていったら、自分のやるべき"生きざま"が見つかるよ。仕事を見つけるんじゃなくて、生きざまを見つけたらいいね。それなら、不安なんかなくなるよ。だって、生きている証が、生きざまだから。

Q. 親の立場として、子どもが適職を見つけられるように
サポートできることはありますか？

A. 子どもがやりたいと思ったことを全部できる選択肢を与えてあげること。

「これをやりなさい」というのは、1つしか選択肢を与えていないでしょ。だから子どもは適職を見つけられない。「なんでも選べるよ」というふうにして、選択肢を与えてあげると、子どもは簡単に自分の好きなほうに向かうよ。

子どもは車の運転ができないし、行ける場所にも制限があるでしょ。だから子どもをサポートして、これもこれもこれもあるよ！と選択肢を与えてあげられるのが、最高の親じゃないかな。

2nd Stage 幸せな在り方

Q. これからの時代、必要となる仕事はなんだと思う？

A. いろいろあるけど、FARM TO TABLEで、そこにある野菜を料理にして出せる職業かな。農家でもないし、料理人でもない。そこで食料を育てて、なおかつ美味しい料理にして出せる人。自給自足にプラスして、豊かさや楽しさをつくれる人かな。単なる自給自足は、食べていくためじゃん。そこに幸せを生み出す。そこにある素材で家を作るのも、単に寝床を作るだけじゃなくて、可愛らしくて快適なものを生み出す。
そんなことができる職業は、必要だと思うな。

6. お金・経済

お金との付き合い方が"逆"

　たとえば貯蓄型生命保険のようなものに入って、老後2000万円戻ってくると期待していても、軽自動車も買えないくらいに、お金の価値が変わると思っている。俺の長年の読みではね。
　日本円の価値はどんどん下がって、紙切れくらいになっちゃうんじゃないかな。

　もしそうなったとしても、大事なことは、美味しいものが毎日食べられて、大好きな人が近くにいて、快適な寝床があること。お金に振り回されている人は、お金を稼いでからそれを手に入れようとしている。日本人の多くは、そうかもしれないね。そうじゃなくて、逆の発想が大切。先に手に入れちゃったら、お金はどうでもよくなるから。

　ここでひとつ、例を挙げてみよう。
　先日、ある子どもに将来なにになりたいか聞いたら、「金持ち」って答えたんだ。じゃあ、金持ちになってなにしたいのと

2nd Stage 幸せな在り方

聞くと、「わかんない」。

　金持ちになってもなにをしたいか決まっていない人は、残念ながら金持ちになれません。

　どういうことかというと——金持ちというと、ハリウッド映画によく出てきそうな、豪邸にプールがあって、ボートに乗ってぷかぷか浮かんでいるイメージだとする。

　もしこれが金持ちのイメージなら、金持ちになってからそんな生活を手に入れるのではなく、まずレンタル会社からボートを一日16,500円で借ります(笑)。そして、生コン車を呼び、コンクリートを1平米5,000円くらいで流してもらったら、みんなでコテで塗ってプールを作る。そして、プールで毎週末パーティーを開いて、参加費を募る。

　これは、あくまでも例だけど、稼いでからやろうと思っていると、いつまでたってもプールパーティーは無理。先に場を作ってから、お金を稼げばいい。

　お金を稼いでから手に入れようと思っているから、大好きな人も、好きな家も、好きな食べ物も手に入らない。はじめから、好きな食べ物を作って、大好きな人を見つけて、快適な寝床を用意すればいい。それから好きなことでお金を稼ぐ。

　そういう順序でお金と付き合うと変わっていくよ。

紙ではなく人脈を大切に

　この先、経済がどうなるのか。これは俺の予測にすぎないから、答えではないけれど、もし本当にお金の価値がガーンと下がったとする。今すでに、日本の食料自給率は38％。さらに、日本円が下がったら、パスタもオリーブオイルも買えなくなってしまう。向こうが値上がりしているのではなくて、こちらが下がっているから。

　そうなった時どうなるかというと、食べ物が日本から足りなくなるよね。その時に価値があるのは、諭吉（または栄一）の書いてある紙ではなくて、「お米」。

　米や野菜が、圧倒的に価値となる。けれど、その時には10万円出しても売ってくれなくなる。なぜなら、米や野菜を作っている人は親戚や友達にあげるから。高いお金を出すと言われてももうお金に価値がないんだから、売っても仕方ないよね。

　だから、お金よりも大事なことは、人と仲良くなること。みんなと仲良くなって大切な人脈を作ること。そうしたら、なにかあった時でも、お米が手に入る。それに、自分も野菜を作っていたら、大好きな人たちにあげられるでしょ？

2nd Stage 幸せな在り方

　お金は印刷しないとできないけれど、種を蒔いていたら作物は育つ。野菜とお米の育て方や魚を獲る技術も覚えておいて、できたらニワトリを飼うことができれば、どうにでもなる。それであれば、経済がどうなっても大丈夫！

Q&A

Q. 経済が崩壊するといわれていますが、それに備えることはできますか？

A. 繰り返しになるけど、好きな野菜を作ること。ニワトリを飼うこと。あとは、ガソリンが必要ない乗り物があるといいよ。自転車とか、馬がいいね。

Q. お金に振り回されて生きてきました。でもお金がなくなることが怖いです。このループから抜け出すにはどうしたらいいですか？

A. 俺も怖かったけど、強制終了させられてホームレスになったんだよね。それが都会の公園じゃなくて、森の中に行ったから助かった！　自然界にいたら、なんの恐れもなくなるよ。だって、生きるのに必要なものはなんでも手に入るから。
都会に暮らしていると不安になるのかもしれないね。きっと自然と共に生きたら、不安はなくなるんじゃないかな。なるべく自然に触れて、自然に近づくようにするといいね。

2nd Stage 幸せな在り方

Q. 子どもがまだ小さいし、日本の経済が不安です。どうすれば将来への希望が持てますか？

A. 岐阜県の山奥に暮らしている知り合いがいるんだけど、奥さんが出て行っちゃったらしくて。1人で子育てをしているんだけど、子どもが大切な働き手になってくれているんだって。その親子暮らしが、超楽しいらしい。毎日笑って、子どもたちも元気に走り回っていて。いい景色の大自然の中で、最高に楽しい自給自足生活をしているんだよね。それだけで、毎日親子で笑って暮らせるんだよ。そういうおもしろい生き方もあるんだよね。

だから、不安にフォーカスしないで、おもしろいことを子どもと一緒に楽しむといいんじゃないかな。

7. 健康

健康は心から

　病は気からというけど、やっぱり心が健康だったら体も健康だと思う。だから、ツラい悩みがあるなら、今すぐ消し去ったほうがいいね。

　嫌だなと思う場合は、我慢しないでやめたほうがいい。我慢できないなら、さっさと逃げ出して。逃げ出しても、文句言われないから。

　それと、がんばらないこと。講演会でもよく伝えるんだけど、「がんばる」っていう言葉がない国のほうが多いの。そういう国で「がんばる」という言葉を訳してもらおうとしたら、「無理してやること」となる。そんなこと、やりたくないよね。
　世界を見ても、がんばっていない国の人たちのほうが、幸福度が高い。

　だから、がんばらないことと、我慢しないこと。

2nd Stage 幸せな在り方

　これが、心の健康につながると思う。がんばったほうがエライというのは、高度成長期のお話。今の時代の話ではないよね。

　俺自身、東日本大震災が起きてから、病院には行っていない。タンザニアでケガをして足を虫に食われた時は、さすがに抗生物質を飲んだけど。それ以外は、病院にも行っていないし、薬いらず。

　歯の詰め物がとれた時も、どうなるかなと思っていたら、詰め物がとれた部分の歯の根元が盛り上がってきて、ピッタリと隙間が埋まったんだよ。昔、このことを歯医者さんに聞いたら、そんなこと誰かに絶対に言っちゃダメと言われたけど(笑)。

　骨折した時にレントゲンを撮ると、透明なものが折れたところから生えてくる。それが骨とくっつくことで治る。歯もこれと同じ原理なんじゃないかな。空いた歯の穴は塞がるようになっていて、ピッタリ噛み合わせられるように、自分で治せる能力があるんだと思う。

　病院も薬もいらない、心身ともに健康でいるには、がんばらないことと、美味しいものを食べて、大好きな人といること。これだけで、超健康になれる。

　なぜなら、それだけで「オキシトシン」と呼ばれる幸せホル

モンが出るから。

　料理が運ばれてきた時、男性は「美味しそう。いただきます」で終わり。でも女性は、運ばれてきたらまず目で楽しむ。次に香りを嗅いで、もう一度目で見て、今度は口に運んで歯ごたえを感じて、喉越しを味わって「美味しい」と感じる。

　食事に関してだけでも全然楽しみ方が違うけど、女性は男性の30倍オキシトシンが出るらしい。だから、美味しいものを食べるだけで、オキシトシンがドバーッと分泌されて、ナチュラルキラー細胞が出て、ガンが治るんじゃないかな。

　いくら、これは健康にいいからと言われている食事法でも、エネルギーがない食事や、楽しいという気持ちなしに食べていたら、オキシトシンも出ない。

　だから、頭で考える食事じゃなくて、「美味しい！」と全身で感じられるものを食べるといいよね。

2nd Stage 幸せな在り方

Q. 最近疲れやすくなってきました。年齢的なものでしょうか？

A. そうです！ ジャッキー・チェンだって、年齢に勝てなくて疲れてるんだから(笑)。
疲れを回復させるには、自然界にある生命エネルギーの強いものを摂っていたら、回復も早いし若返る。タンザニアから帰ってきた直後の俺の写真を見ると、すごく若いのよ。現地では、そこにあるもの、自然界にあるものしか食べてなかったから、若返ったんだろうね。
だから、人工的なものとか作り置き、冷蔵庫にずっと入っていたものを食べるのではなくて、作りたてのものを食べてみてください。そうしたら、生命エネルギーが体に入るから、すぐに復活するよ。

あとは、ワクワクすること！ ワクワクしていたら、疲れなんて吹き飛ぶじゃん。大好きな人に会いに行くんだ〜！と思ったら、ワクワクして超元気にスキップしたくなるでしょ？ だから、ワクワクすることは健康にとっても大事！

Q. 不安定でウツ気味です。具合が悪いので病院に行ったら、薬を薦められますが、飲みたくありません。気持ちを安定させるおすすめの方法はありますか？

A. なにかに夢中になることかな。おもしろいこと、ワクワクすることに、夢中になるといいよね。「絵本の村」のお手伝いにも、引きこもりやウツの子が来てくれるけど、3回くらい来るとみんな治るんだよね。それは、壁塗りとか木材を切るとか、目の前のことに夢中になっていたからだと思う。

夢中になることがわからない人は、自然界に行くといいよ。俺も村を乗っ取られた時は、病院に行ってないから診断されていないけど、ウツだったんじゃないかな。凹みすぎて、なにも気力が湧かなかったもん。だけど、森の中にいたから、回復できたんだと思う。
だから、自然のあるところに行って、ただただ川を眺めたらいい。海の波を眺めるのもいいね。いろんなことが、ちっぽけに思えて、どうでもよくなっちゃうから。

2nd Stage 幸せな在り方

Q. 長年寝たきり状態です。有名な病院にも行き尽くしましたが、良くなるばかりか、次々と症状が出てきます。現代医学でできることはもうないというくらいでお手上げ状態ですが、なにかできることはあるでしょうか？

A. そうかぁ。やれることはたくさん試したんだね。
イメージ力はどうかな。俺の友人は、寝たきりになったんだけど、自分が動けるイメージトレーニングを指先からしていって、元気になった。今はスポーツトレーナーもしているくらい。だから、イメージをするってすごく大切なんだと思う。
映画『ドクター・ストレンジ』(イメージで神秘の力を操る魔術師が登場するマーベル映画)を観るのもいいんじゃないかな。

寝たきりの状態が長くなるほど、本来の元気な姿が自分で思い描けなくなっちゃうから、映画や動画とかを観て、イメージしてみるのはどうだろう。

8. 生きがい

幸せな世界をつくるには ここから6年が勝負

　人それぞれ、"生きがい"ってあると思うけど、ブレないのは「三大欲求」。ワクワクして満たしていくことが、結果として生きがいになるんだと思う。だから、食べることが楽しみという人は、それが生きがいになるよね。

　俺にとっての生きがいは、自分の中で映像で見えている100年後に向かっていくこと。世界がどんな景色になっていて、そこにいる人たちがどんな感じで、笑って幸せに過ごしているかが見えているから、そこに向かって世界をつくっていくことが、最高におもしろい。
　自分が生きているうちはその世界にゴールできないけど、100年後にはできる。地球全体がその世界になるには100年くらいかかりそうだけど、本当は30年後にできるといいな。

2nd Stage 幸せな在り方

　それには、「絵本の村」が日本の、そして世界のモデルとなると思う。俺の中で、それが明確になったから、夢から目標に変わった。

　たくさんの人が「絵本の村」づくりのお手伝いに参加してくれている様子をみて、やはり100年後の地球が目指す世界はこれだ！と確信している。

「絵本の村」は、完成まであと3年くらいの予定。それもふまえると、日本も世界もあと6年が勝負じゃないかな。世界中のみんなが笑って幸せに暮らせる世界へと、方向転換できるようになるには。

　2030年を迎える頃には、誰もが自分が生きたい世界を選べるようになっているといいよね。これまでは選べなかった。けれど、どんな世界で生きたいかを、自分で選べるようになっているはず。

　そんな世界をつくることができると信じて、今モデルケースとなる村をつくっています。

　つくっているみんなが、「今日も幸せだったな〜」と言って1日を終える。お手伝いに来た人が、「あ〜最高だった！また来るね」と言って帰っていく。

　もう、すでに幸せだね。

そして、レインボーピープルとして生きることも、俺にとっては生きがいの一つ。

　これまでの人生で、なんでこんなにもいろいろなことが起こって、何度も村を手放すことになってきたか。それは、俺がひとつの村の村長にならず、世界中の場所に訪ねていって村づくりを手伝って学んでつないでいくためだったんだと思う。だから、放射能にも、裏切った人にも、今は感謝しかないよ。

　世界には、良い村がいっぱいある。それこそお手本となるようなエコビレッジはたくさんある。けれど、そこに暮らす村の人たちは、村から出て教えたりはしないんだ。それができるのは、今の時点では世界で俺しかいないと思う。日本のパスポートは最強だから、世界中どこにでも村づくりを教えに行くことができるしね。きっと3年後には、弟子たちが国内外で活躍してくれるんじゃないかな。

　来年以降、すでに村づくりの予定が埋まってきている。ウガンダ、インド、メキシコ、インドネシア、モルッカ諸島、日本各所……約10箇所くらいかな。今すでに決まっている場所は、たぶん6年あればできあがると思う。養成講座生が増えて成長したら、もう少し早まるかもしれないね。

117

2nd Stage 幸せな在り方

Q. 人生に生きがいが見つけられません。どうしたら見つけられますか？

A. ワクワクしないことで、いっぱいいっぱいだからです。やりたくないことを全部省いて、まずは1日過ごしてみて。次は3日間、1週間……って練習するの。やりたくないことをやらない練習。
そうすると、隙間ができるから、やりたいことが絶対見つかっちゃうの。それが、生きている証拠。

人間って、願いを叶えられる能力を持っているのね。その一つが、「言葉」。言葉に出したことはほぼ叶う。自然界の動物たちは、全自動で生きている。人間ももれなく全員生きていけるんだけど、そこに加えて言葉で夢を叶える能力を持っている。そうじゃなかったら、車とか飛行機なんて無理よ。だって、全自動じゃできないから。いつの頃かの人間が、早くラクに移動したい、空を飛びたいって夢を言葉にして描いたから叶ったでしょ。
だから人間だって、魔法使い。魔法使いと俺たちの差は、時間

だけ。魔法使いは一瞬で叶えるけど、俺たちは３か月とかそれ以上かかるよね。その差はあれど、願って言葉にしたら叶う。それは人間にあって、イノシシにはない能力だと思うんだ。全自動も使えるから、美味しいものも食べられるし、大好きな人にも出会える。そして、夢も叶えられる。最高よ、人間って。だから人間として生まれてよかったなと思うよ。そう思わない？

2nd Stage 幸せな在り方

Q. 銀ちゃんのようなレインボーピープルになりたい! どうしたらなれる?

A. まずは、「絵本の村」にお手伝いに来て、ワークショップに参加して、洞窟サバイバルに参加して! レインボーピープルは洞窟サバイバルで主にスカウトしているから、スカウトされるまで何度も来てください。

洞窟サバイバルでは、どのみち"ありのまま"の自分になっちゃうから、スカウトされるコツは特にないんだ。強いて言えば、ワクワクしている人は、洞窟にいても疲れないの。これは年齢は関係ない。18歳の若い子でもヘトヘトになっちゃうし、へっちゃらでイキイキしているおじさんもいる。歳じゃなくて心のことだからね。

レインボーピープルになりたいと思うなら、スカウトされるまで何回もチャレンジしてね。

Q. 自分の子どもだけじゃなくて、世界中の子どもたちに夢を持って生きてほしいです。大人としてできることはあるでしょうか？

A. 選択肢を与えることだね。
俺には自分の子どもは4人いるけど、ちゃんと子育てに参加できなかった。だけど、毎月「aliali」に来ていた20人くらいの子どもたちと過ごすことができたのね。不登校だったけど、学校に行くようになった子もいる。「絵本の村」での店長候補だった子をスカウトしようと思っていたのに（笑）。
ただ子どもを塾に行かせるのではなくて、大人たちが見せること、そして体験させることが大事だと思う。塾に行かせるだけじゃ、それはできないでしょ。

あとは、チャレンジできる場を選択できる環境を、大人が作ることも大事。
ショコラティエになりたい夢があるという、引きこもりだった女の子がいてね。それならチョコを作ろう！と、ガーナにいる友達にカカオ豆を送ってもらった。その子と一緒に、そのカカオ豆を焙煎して、カカオニブを取り出してカカオマスを作って、ココアバターや砂糖を入れて、チョコレートを作った。板チョ

2nd Stage 幸せな在り方

コ1枚作るのに、4時間かけて2100円かかったけれど、味は思っていたような甘くて美味しいチョコじゃない。
その子はこう言った。「ショコラティエじゃなかったかも」
でも、この授業をしなかったら、この子はきっと、製菓専門学校に行って、洋菓子店で修行した後に、「私がなりたいのはショコラティエじゃない」と気づいた時には26歳になっていたはず。けれど、10歳で気づくことができた。

じゃあ、なにになりたいのと聞くと、「カフェ」。なるほど、カフェのなにをしたいの、経営？接客？調理？と聞くと、「お客さんに料理を運びたい、美味しいって言ってもらいたい」とのこと。わかった、じゃあ「絵本の村」にもカフェができるから、来月また来てくれる時までにメニューを考えてきてよと伝えたら、「できました！」と、その日の夜に31種類ものメニューを考えて持ってきてくれたの。
しかも、そのうちの8つは空港でお土産用に売ると、値段も決めてパッケージデザインまで作ってきた。
すごい才能でしょ。なおさらショコラティエじゃなかった（笑）。

なんでもチャレンジさせると、その子の才能を引っ張り出せるんだなとわかった。選択肢を与えたら、子どもはあっという

間に才能を伸ばせるんだよね。
大人が子どもの才能を"伸ばしてやる"っていうのはおこがましいこと。勝手に自分で伸ばすから、環境を作るのが大人の役目だと、俺は思うんだ。

大人がなんで子どもを抑えてしまうかというと、心配だからなんだよね。失敗してほしくないから。だから、やりたいことまで全部「危ないからやめろ」と言ってしまう。それじゃ子どもは成長できない。

「やめろ」と言うのは、挑戦したことない大人。子どもの魂は、大人を超えるようにできている。親より優れて生まれてきているのに、大人がコントロールするせいで、なんの才能も引き出せなかった大人にできあがってしまう。「なにをしていいのかわからない」という悩める大人を量産しちゃうんだよね。
だから、失敗してもいいから、チャレンジして全部自分の責任になるような場を作ることが大事だと思うよ。

2nd Stage 幸せな在り方

9, 生と死

臨死体験をしてわかったこと

　もしあなたが、自分のことを応援してくれている存在を近くで感じたことがあるなら、きっとそれは未来のあなたです。未来のあなたは、どんな時も、あなたがどんなに失敗して、苦しくて泣いていても、「ドンマイ！」と言っているから。

　30歳の時、あまりにも苦しくて自ら命を絶とうとした際、臨死体験をした。血を流して倒れている自分の体から、意識、いわゆる魂が離れていって、爆音の中、後ろに引っ張り上げられて、美しい星雲をいっぱい通り過ぎながら、気づいたら宇宙に浮かんでいたんだよね。

　そこから、白い光に吸い込まれるのはもったいないなと思った瞬間(P3、4参照)、また地上へ戻されたけど、オギャーと生まれた俺としてじゃなくて、なぜか生まれてきた赤ちゃんの俺を映像で見ていた。それがなぜなのかは、今もわからない。不思議だよね。

　だから、体がないまま、意識のままの俺が、赤ちゃんから成

長していく30年間の俺の映像を、横でずっと見ている状態だったんだ。

　寝ている時も横で見ているんだから、おもしろくないのよ。でも、横で見ていた30年の間に、「家族に本当に大切にされて愛されて育ったんだよな、俺は」とか、「フラれるのに告白しに行っちゃうんだよね。でもその次はもっといい女に会えるんだよな」とか、未来の自分は知っているわけ。そうすると、どんなにトラウマだと思っていた記憶も、未来の自分は超えられるんだから大丈夫だと思える。全部いいことで、最高でパーフェクトな人生なんだ、と思えたんだよね。

　どん底だと思うのか、いろいろある人生を最高だと思うのか。それはとらえ方次第なんだとわかった。だって未来の自分は、なにがあろうと「ドンマイ！」と思えるんだから。

　それに、この世のすべては美しい。庭に咲いていた黄色い花も、3歳の頃は、クルクル回りながら落ちる花びらを、ただおもしろいなと思って見ていたけど、とても綺麗で美しいって気づいた。この世の中はなんて素晴らしいんだろうって気づいたんだ。

2nd Stage 幸せな在り方

人間はつぶつぶでできている

　30年かかってやっと、倒れている俺の体に戻ろうとした時に、ふと気づいたことがある。倒れた俺の頭から流れた血が、半分も固まっていなかった。ということは、30年かけて戻ってきたけど、本当は一瞬の出来事だったんじゃないか？

　その証拠に、宇宙はまるで水彩画に絵の具を垂らしたように、ぐにゃぐにゃしていた。そしてずっと動いている。流動的だから、過去と未来と現在がくっついているんだとわかった。俺たちが使っている"時間"は、誰かがただ計算しやすくするためのものなんじゃないかな。

　ということは、未来の自分にいつだってなれるということ。でも、もしまた幽体離脱しても、未来に帰るのは難しいだろうなと思う。なぜなら、宇宙はすごい動いているから。時間軸が決まったところにないから。

　もしかしたら、ぐにゃぐにゃの宇宙の中には、この俺じゃない、別の俺の世界もあるんだと思う。体操選手になっている俺、別の女性と結婚している俺の世界、とかね。きっと今日ごはんを食べに行くレストランも、じつは4通りくらいあるのかもしれ

ない。けれど、イタリアンに行ったら、焼肉屋に行った俺の人生を見ることはできないでしょ。4通りなら4通りの世界が、全部ぐにゃっとくっついている感覚を、すごく実感できた。

　そして、俺たちのこの体はボディスーツだけで、じつは自分の存在は"つぶつぶ"でできているということもわかった。この辺りの話は量子物理の世界なのかもしれないけど、その証拠に、幽体離脱した時、脳から離れていたのに、あの世に行って宇宙に行った記憶はあった。それは、つぶつぶに意識が入っているから。逆に言えば、意識がつぶつぶなのかもしれない。
　だから、転生してもつぶつぶは残っている。そのつぶつぶが、"念"として残っていたり、いわゆる生き霊にもなるんじゃないかな。

　もしすべての生命体のつぶつぶが、空中、地球中、宇宙中に残っていたらどうなるか。パンパンになって、宇宙が広がるんだと思う。
　それは別に幽霊とか呪いとかではなくて、死んで戻れない人の想念が、一時停止のように残っているだけじゃないかな。だから、神社とかお参りしやすい場所には、みんなの想念が集まっているから、パワースポットのようになっているのではな

2nd Stage 幸せな在り方

　いかな、と俺は思う。
　幽霊は悪さはしないよ。だって、俺が幽体離脱してつぶつぶの状態になっても、自由に動けなくて女湯にも行けなかったんだから(笑)。

Q&A

Q. 人生の意味とは、なんだと思いますか？ なぜ人は生まれるのでしょうか？

A. 動物は、弱肉強食の世界で、食物連鎖の一部として生まれるよね。人間の場合は、連鎖の一部ではないから、役割があると思っている。じゃあその役割とはなにか、俺もずっと考えてた。

この世には、バランスを取るために全員が存在しているんだと思う。ハッキリ言えるのは、善悪というのは、人間が考えたただの概念。全部どっちでもいいこと。バランスを取るために生まれてきているんだから。

じゃあ、魂とは一体なんなのか。ウジ虫は反射で生きているから、死んだ後に魂になっても考えることはないと思うけど、人間は考えるよね。そしてまた魂が次の人生に生まれる時は、なにをしたいか、なにをする人生なのか、記憶して生まれているんだと思う。
けれど、人は生まれて言葉を覚えると、その記憶を忘れるんじゃないかな、と思ってる。そして、その自分が生まれた目的を思

2nd Stage 幸せな在り方

い出しながら、人生を終えていく。

俺は今、人生が最高に充実しているから、生まれた目的をまっとうしているはずなんだ。きっと誰もが、自分で決めた目的をまっとうするために、生きているんだよね。

オギャーと生まれた時は覚えているはずだよ。だから、それを思い出せるといいよね。忘れているだけだから。
思い出すには、自分がやりたいと思うことを、思う存分やってみること。その最中に自分の本当の役割の答えがあると思うよ。

Q. 最愛の人を亡くして立ち直れません。早く死にたいと思ってしまいます。残された側はどう生きていけばいいでしょうか。

A. 立ち直れないよなぁ。人には寿命があるから、自分が寿命じゃない場合は、悔やんだところで、死にたいと思ったところでどうにもならないんだ。これは俺も、実際に死のうとして死ねなかったから悟った。

精一杯、生きるしかないんだ。なぜなら、「あなたのところに早く逝きたい」と思ったところで、その人はもう違う人生として生まれている可能性が高いから。会いにいったところで、残念ながらもういないんだ。だから、今いる人生をまっとうするしかない。やりたいことを全部やっていくしかないんだ。
でも、つぶつぶではいるよ！　この肉体という形では会えないからハグはできないけど、つぶつぶなら一瞬で来てくれる。ほら、本当は時間なんてものはないから（P.126参照）。

タンザニアにいた時に、懐いてくれていた女の子のお父さんが亡くなったの。その子に「悲しいなぁ」って声をかけたら、悲しそうな顔をしていたんだけど、次の日にはケロッとして

2nd Stage 幸せな在り方

いた。「死ぬのは当たり前のことだから」って。「動物だって急に襲われて死ぬことがある。だから、死は当たり前のこと」。そう村の全員が受け入れていたんだ。

人生なんて一瞬だよ。宇宙からしたら、1秒で終わるから。時間は伸び縮みしているから、ワクワクしておもしろいことをしていたら、一瞬で寿命がくるよ。
逆に、学校で嫌いな授業の時は、すごーく長く感じたでしょ？嫌なことをしていたら長く感じる。けれど、おもしろいことを夢中にやって過ごしていたら、一瞬だよ。だから、ワクワクして精一杯、寿命をまっとうできるといいよね。

Q. 死ぬのがすごく怖いです。自分が死ぬこともだけど、子どもや愛する人が死ぬことを思うと耐えられそうにありません。これって異常ですか？

A. 死んでも痛くないよ。そんな怖がらないで。死んだ後のほうが気持ちいいから。宇宙空間に漂っていた時、気持ちよかったよ。つまらなかったけど（笑）。

死ぬには寿命があるからね。だから、自ら命を絶ちたいくらい早く死にたいと思っても、逆に不死身になって生きたいと思っても、人には寿命がある。

さっきの質問への答えとかぶるけど、大切な人が亡くなった後、その人の魂はどこかに生まれ変わるけど、つぶつぶは宇宙空間にあるから、一瞬で来てくれるよ。だから、あなたがなにかに守られていると感じたら、それはつぶつぶの一粒が近くにいてくれているんじゃないかな。

未来の自分もあなたを応援しているし、大切な人のつぶつぶも応援してくれているから。しかも、そのつぶつぶには、死んでまた生まれ変わって……を繰り返したすべてのつぶつぶが蓄積されているんじゃないかな。そう考えたら、膨大な数のつぶつぶに応援されているということになるよね。

だから、大丈夫。死を怖がらないで、ゆっくり生きたらいいよ。

2nd Stage 幸せな在り方

10. 新しい世界

優しさの塊で存在する世界

　これからの世界に適応するマインドは、「優しさ」だと思う。
　よく「愛の世界」という表現をするけど、愛っていちばん難しい。大きすぎて、ぼんやりしちゃうから。だから、優しさという表現が丸く収まってわかりやすいかなと思う。

　そういうマインドって、誰かに教わったわけではないと思うんだ。子犬が産まれたら親犬がペロペロ舐めてあげるとか、小さい赤ちゃんだって子犬を見たら、優しく撫でようとするでしょ。あんな小さい赤ちゃんに母性本能があるの？と思うくらい。
　だから、愛というものをわかりやすくいうとしたら、優しさじゃないかな。

　この地球の未来をどう生きていくか、どういう在り方で生きていくかというと、優しさの塊でみんなが存在すれば、これから地球が、社会がどうなろうと、みんなが笑って幸せな、最高の地球になれると思うんだ。

Q&A

Q. いろいろな話を聞いても、やっぱり、不安要素が多いです。未来に希望はありますか？

A. あるよ！　希望しかないよ！
そう思うのは、不安にフォーカスしているだけ。不安じゃないことにフォーカスしてごらん。きっとおもしろいことしかないよ。

今までは、いろいろと我慢しないといけないことばかりだった。社会の言うこと、親の言うこと、会社の言うことを聞かないといけなかったし、ルールを守らないといけなかった。でもここから先は、超おもしろい世の中になるよ。だから、希望しかないね！

2nd Stage 幸せな在り方

Q. これから世界が変わっていくには、日本が重要だとよくいわれていますが、日本始動の重要性はなんだと思いますか？

A. そういう予言があるとはよく聞くけど、具体的には書かれていないでしょ。俺が思うのは、世界の中でも厄介な、頭ガチガチで思い込みの激しい洗脳された日本人が、永遠に笑って暮らせる村をつくったら、世界のお手本になることは間違いない！っていうこと。
他の国だったら、もっと簡単にエコビレッジはつくれるけど、お手本にはならない。だけど、日本にできたら、それは世界のお手本になるんだ。俺はそう確信してる。

俺がしていることは、世界中の人が安心して笑って暮らせるお手本をつくること。それを「絵本の村」としてつくっている。だから、間接的には世界のために活動している可能性はあるけど、俺は救世主ではないよ。だから、"世界を救う"という言葉は使いたくないんだ。

なぜなら、一人ひとり全員が救世主だから。

誰かがつくってくれる、救ってくれると思うのではなくて、全員が救世主なわけ。みんな、この地球がおもしろいからって、来たくて生まれてきたんだよ。だから救う・救われるという話ではないよね。

俺はこれから、世界を笑わせにいこうと思ってる。おもしろがらせること。それを、日本から世界へ。
世界最高基準の技術を持っている生真面目な日本人に、世界を笑わせるおもしろさが加わったら、もう最強だよね。

あとがき

あとがき

0から1をつくるのは9割失敗。
でも、
0から1をつくるのは一番楽しい。

1から2をつくるのは簡単に見えるけど、
楽しいことより大変なことが多い。

自分には無理。と諦めてしまうほどもったいないことはない。

生まれた時からあきらめ方を知っている人はいない。

いつのまにか、あきらめ方を教え込まれる。
反対するのはいつも大人だ。

反対する大人は、やったことがない人だ。
やったことがない大人の話なんか聞かなくていい。
なぜならば、

不安だから自分が安全に歩いてきた道しか歩かせない。
だとしたら、いつになってもその大人を超えられない。
人類は衰退していくだろう。

そうしないためにも、
今、気づいている子どもたちが何かをやるための準備を
してあげるだけでいい。
あとは子どもが選ぶだけ。
選択肢を増やすのが大人の役目。

そしたら子どもたちが未来を創る。

エコビレッジづくりは失敗しても誰にも怒られない。

もし間違えたとしても、何度でもやり直せる。
もし途中で気が変わっても、何度でもやり直せる。

誰もが自分のペースで、
自分の時間軸で、自由にできる。

人生と同じだ。

あとがき

　日本には不登校者が30万人近くいる。

　絵本の村には、学校に行かない子どもがよく来る。
そ の子たちは、いかなくなった理由はいろいろあるけれど、
学校に行っていないことがコンプレックスだったりする。
それが自分のダメなところだと思い込んで、
普通以下だと勘違いしていることが多い。
親もだ。

　俺はいつも言う。
学校は行ったほうがいい。
でも、どうしても行きたくないなら、
学校に行かない時間をどう過ごすかが大事だよ。
学校に行かないで何してるの？
ほかに好きなことがあるの？
夢があるならそこに向かっているかい？
ただ行きたくないからと、逃げて行かないなら、
これからの人生ずっと逃げ回って生きることになる。
逃げる前に、逃げたい理由を見つけることができるなら、
解決方法は見つかる。
それから、行くか行かないかを決めればいい。

学校は選択の一つだよ。

行かなくてもいろんな経験ができる。
それをさせない"大人の文化"さえ直せばいい。
義務教育が終わった時には、
もう自分がどう生きるか決める頃だ。

大学卒業してから、自分の人生を考えて試してみるなんて、
10年遅いよ。

頭は固まるし、なんでもやってのける自信もついてない。

会社の言いなりになるしかない。
もしリストラされたら、
自分がなんの取り柄もないことをわかってるから、
たとえ嫌いな仕事だとしても我慢するしかない。

仕事なんて人生の三分の一あるのに、
それを我慢し続けるなんて、
人生がもったいない。

あとがき

だから、せめて俺に出会った子どもたちには伝えていきたい。

日本は世界一職業が多い国だ。
何にだってなれる。
それに向かってあらゆる勉強ができる。
好きな職業が見つからなかったら、
自分が新しい職業を作ればいい。

それくらい、余裕のある国なんだ。

日本に生まれたってことは、それだけでラッキーなんだ。
生まれた時から、
蛇口をひねれば水が出る。
寒い時は暖かく、暑い時は涼しくできる快適な家がある。
世界中のあらゆる食べ物が手に入る。

スタート地点ですべて揃っている。
命の心配をしないで幸せな環境にいる。

だから、もっと前を向いて、上を向いて歩いていたら、
いいことしか起こらない。

迷った時は、人がなんて言おうが、ワクワクするほうを選べ。
それをずっとやり続けたら、

人生ずっとワクワク。

山納銀之輔

「絵本の村」応援クラブ設立!
日本にエコビレッジを広げよう

「絵本の村」づくりに参加したい!
世界に誇れる、日本のエコビレッジづくりを応援したい!

そう思うけれど、なかなか現地まで足を運ぶのが難しい、
または限界があるという方。
そして、村のビジョンに賛同してくださる方へ。

主にオンライン、時にはオフラインを活用して、
それぞれの立場から関わり、
「絵本の村」の現地をより身近に感じることができる、
"エコひろの会"を、設立しました!!

6つの特典や3つのコースなど、ご用意しています。
詳細は特設ページをご覧ください。

https://www.dream-children.world/ecohiro

● YouTube ●

https://youtu.be/d2nv1umHoZA

最新の「絵本の村」の
見学会・お手伝い・WS情報、
また講演会については、
下記SNSよりご確認ください。

FB「銀之輔.japan」ページ
https://www.facebook.com/
ginnosuke.japan/

Instagram「銀之輔 japan」
@ginnosuke.japan

参考資料
『天を味方につける生き方』山納銀之輔 著／ヒカルランド

参考YouTubeチャンネル
「斎名智子アワー」
「TOLAND VLOG」
「ひすいこたろうの名言セラピー」
「スターシードチャンネル」
「アースファミリーチャンネル」

山納銀之輔 さんのう ぎんのすけ

エコビレッジビルダー／天然素材コンシェルジュ／
古民家再生プロデューサー／村づくりコンサルタント／
空間デザイナー／自給自足アドバイザー／グランドアーティスト／
土壁トレーナーマスター／ストローベイルハウスビルダー／マッドブリックハウスビルダー／
里山料理研究家／狩猟採集料理研究家 and more…

青年実業家から突然の転落。多額の借金を抱え、離婚・自殺未遂・再起……そしてまた立ち上がったのちの転落。成功とドン底を半生で3度も味わい、すべてを捨て、森で狩猟採集生活を続けた日々。大自然に身を委ねたときから突如起こり始めた奇跡と、自然界から気づかされた人間本来の生き方を実践する。アメリカ先住民、シャン族、マサイ族……世界の民族との暮らしの中で、衣・食・住・医・癒・育の分野で学びを得る。持続型循環建築の村（エコビレッジ）づくりの第一人者。
現在までに、スペインはプリエゴ、タイのチェンマイ、そしてミャンマー、タンザニアと世界各地で手腕を振るい活躍。また国内では、数々のワークショップや講演を精力的に展開している。エコビレッジ「絵本の村てっぺん」、世界中のエコビレッジづくりの依頼を受ける「レインボーピープル」の育成、神道の伝統植物であるマコモを使った「マコモ龍宮城プロジェクト」など、日本中、そして世界へ、人の生き方と未来への可能性を広げるプロジェクトを多岐にわたり企画始動中。
著書に『天を味方につける生き方』（ヒカルランド）がある。

H　　P　　https://www.dream-children.world/
リンク集　　https://lit.link/ginnosukejapan

Publishing Agent 山本 時嗣（株式会社ダーナ）

ハッピーサバイバル
地球で遊びながら新しい世界へ

2024 年 9 月 25 日　第1版第 1 刷発行
2025 年 5 月 20 日　第1版第 2 刷発行

著　　　者　　**山納銀之輔**

編　　　集　　澤田　美希
デ ザ イ ン　　堀江　侑司
イ ラ ス ト　　ツグヲ・ホン多
発　行　者　　大森　浩司
発　行　所　　株式会社ヴォイス　出版事業部
　　　　　　　〒106-0031
　　　　　　　東京都港区西麻布3-24-17 広瀬ビル
　　　　　　　☎ 03-5474-5777（代表）
　　　　　　　📠 03-5411-1939
　　　　　　　www.voice-inc.co.jp

印 刷・製 本　　株式会社シナノパブリッシングプレス

©2024 Ginnosuke Sanno Printed in Japan
ISBN978-4-89976-576-9
禁無断転載・複製

いつどこをどうやったら幸せですか?
っていうマニュアルを
みんな欲しがっている。

そんなものないから。

でも、一番大切なことは、
欲しいものを手に入れることよりも、
自分がどうありたいか。

幸せは、＜ありかた＞。

自分らしく生きるには?

それを世界中のひとりひとりが知ったら。
全員が幸せ。
世界が幸せ。

そんな余裕ができたら。
地球が良くなる。
鳥も動物も魚も植物もみんな幸せ。

photo by Ginnosuke Sanno